하프
타임

3

하프타임 3

밥 버포드 **Bob Buford** | 이창신 옮김

국제제자훈련원

차례

머리말   7

1부 그래서 모든 것이 달라졌다

Chapter 1. 기회는 예측 불능   13

Chapter 2. 내가 열정을 느끼는 것은   19

Chapter 3. 리어왕 이야기   25

Chapter 4. 그래서 모든 것이 달라졌다   33

Chapter 5. 자신의 정직을 관찰하기   39

2부 모험을 선택하다

Chapter 6. 같은 강물에 발을 두 번 담글 수 없다   47

Chapter 7. 거꾸로 십일조   55

Chapter 8. 침묵이라는 선물   61

Chapter 9. 사소한 것에서 얻는 기쁨   69

Chapter 10. 자신을 타인과 공유하는 모험   77

3부 의미를 추구하다

Chapter 11. 기부, 그 이상   85

Chapter 12. 아름답게 나이 먹기   93

Chapter 13. 손에서 내려놓기   103

Chapter 14. 자신을 소비하기   111

Chapter 15. 돈을 주고 의미를 사라   117

4부 인생, 변할 수 있어 더 아름답다

Chapter 16. 존재로서의 기도   127

Chapter 17. 거듭, 거듭 다시 태어나다   135

Chapter 18. 소중한 것 먼저 하기   141

Chapter 19. 평생 살 것처럼 배우기   147

Chapter 20. 옳은 길에서 다시 시작하기   153

5부 잘 끝내고 잘 떠나다

Chapter 21. 준비가 전부다   163

Chapter 22. 10년 후 당신은?   169

Chapter 23. 꿈을 공유하는 기쁨   175

Chapter 24. 허를 찔리다!   183

Chapter 25. 왜 움켜쥐고 있는가?   191

주   198
참고 자료   200

1995년에 《하프타임 1》국제제자훈련원 역간 초판을 출간한 뒤로, 과분하
게도 수많은 사람에게서 의미 있는 삶을 살기로 결심했다는 이야기를
들었다. 독자들은 한 주가 멀다 하고 편지나 이메일로 사연을 보냈고
더러는 한두 가지 질문을 던지기도 했다. 사업의 성공에 초점을 맞추
며 살다가 주어진 재능과 믿음을 활용해 숭고한 소명을 실현하는 삶
을 살게 된 내 이야기를 해보자고 시작한 이 일이 어쩌다 '운동'이 되
어버렸다. 삶은 단순히 벌어들이고 쌓아두는 것 이상이라는 사실을
깨달은 수천 명이 지역 사회를 더 나은 곳으로 만들기 위해 적극 활동
하기 시작했다. 일이 당초 예상보다 커지리라는 생각에 '하프타임에
있는 사람들'에게 조언을 해주고 그들의 여정에 도움이 될 자료를 제
공할 목적으로 웹사이트(www.activeenergy.net, 현재 halftimeinstitute.org)를
만들었다.

이 사이트에 내가 정기적으로 쓰는 칼럼은 특히 반응이 뜨겁다. '묵
상'이라 부르는 이 코너에는 내게 도움이 된 아이디어와 사고방식, 이

야기, 기도를 올리는데, 이 글들은 믿음을 실천하며 살기로 결심한 사람들을 서로 연결해주기도 한다. 이따금씩 올리는 이 묵상이 인기를 끌면서, 나는 사람들이 하프타임을 더 알고 싶어 한다는 확신이 들어 이 책을 구상하게 됐다.

이 책은 25년 동안 인생 후반부를 살아왔고, 연말이 되면 지난해보다 나은 해를 살았다고 솔직하게 말할 수 있는 사람이 당신을 자극하고 격려하려고 썼다. 분량이 적어서 보통은 출장길 여정 가운데 다 읽을 수 있을 것이다. 하지만 내 묵상의 목적은 속도를 늦추고 일상의 중력에서 벗어날 때 마주치는 도전과 기회를 깊이 생각하는 것이다.

《하프타임》 시리즈에 나오는 원칙을 기초로 삶을 재정리할 때 가장 힘들어하는 이는 아마도 빠른 해결책을 찾는 사람일 것이다. 누구나 그런 태도가 어느 정도 몸에 배어 있지만, 성공한 사람은 특히 더 그렇다. 우리는 그동안 "내가 끝장을 보게 해달라"고 외치며 저돌적으로 돌진하는 군인이었다. 그러다 보니 '자아성찰', '고요', '경청' 같은 말들은 꽉 붙잡아야 할 구명튜브가 아니라 길을 가로막는 장애물이었다. 이 책마저 해치워야 할 목표로 보지 말았으면 한다. 그보다는 당신을 자극하고 더러는 부추기면서 '참여'하게 만드는 동반자로 보기 바란다. 하루 또는 한 주에 한 장﹡씩 읽어보시라. 시간을 갖고, 각 장 끝에 나오는 질문과 인용문을 생각해보라. 《하프타임》 시리즈를 읽은 사람이라면, 내가 의미 있는 삶에서 일기 쓰기를 얼마나 중시하는지 잘 알 것이다. 이 책을 계기로 깊이 생각하고, 그 생각을 적어보라. 그런 다음 그것을 읽어보라. 밤에 배우자 앞에서 읽어보라. 그리고 한 달 뒤에 혼자 다시 읽어보라.

이 책을 읽는 순간, 당신은 이제까지 걸어온 길과는 다른 길을 탐색하기로 선택한 것이다. 아니, 사실은 그 길이 당신을 선택했다. 당신 내면의 무언가가 계속 지금처럼은 살 수 없다고 예전부터 속삭여왔다. 이 책에 실린 짧은 글들은 내가 당신과 함께 그 길을 걸으며, 당신 내면의 고요하고 낮은 목소리를 키우는 확성기다. 나는 미지의 길로 들어선 것을 한 번도 후회한 적이 없으며, 당신도 그러할 것이다.

새로운 삶의 여정으로 들어온 당신을 진심으로 환영한다.

1부

그래서
모든 것이 달라졌다

우리는 목적을 갖고 활동하고 사회에 일익을 담당하도록 만들어졌으며,
그렇지 않을 경우 시들어버린다.
이 싱그러운 인생의 계절에, 나는 은퇴가 아니라 삶을 개편하려 한다.
… 하프타임에서 꼭 해야 할 일 하나는 자신을 정직하게 관찰하는 것이다.
그리고 바꿔야 할 점을 인정하고 그것을 과감히 고쳐나가는 것이다.

_본문 중에서

Chapter 1

기회는
예측 불능

인생이 계획대로 돌아가지 않는다고 느낀 적은 없는가? 나는 달력을 점검하고, 약속을 잡고, 일간 계획, 주간 계획, 연간 계획, 인생계획을 세운다. 내 삶은 내가 적극적으로 계획하고 관리하고 싶다. 그러나 많은 경우, 어쩌면 거의 매번, 나와 주변 사람들의 삶은 직선적 계획을 따르기보다는 즉흥적으로 전개된다.

이 책만 해도 그렇다. 나는 하프타임에 관한 생각과 묵상을 하나씩 차근차근 정리하려 했다. 하지만, 그것은 진이 빠지는 작업이었다. 그런 방식이 가능한지는 지금도 확신이 서지 않는다. 경영의 대가인 피터 드러커는 한때 이런 말로 나를 깜짝 놀라게 했다. "계획을 짜는 사람은 세상에서 가장 불행한 사람이야. 기회는 예측 불능이니까. 기회는 대개 느닷없이 오거든. 그리고 오래 머무르지도 않아. 제

때 대꾸하지 않으면, 그냥 가버린다고."

문제도 마찬가지다. 계획을 바꾸어 상황에 맞게 대응하지 않으면, 문제는 더 심각해진다. 셰익스피어도 말하지 않았던가. "만반의 준비만 하면 그만"이라고. 준비와 적절한 대응이 핵심이다.

이 책의 성격도 즉흥적이고 대응적이다. 책 내용은 일렬로도, 단계별로도 정리되지 않는다. 그렇게 정리하려고 했지만 되지 않았다. 내 삶이 그리고 어쩌면 당신 삶도 계획에 순응하지 않는 탓이다. 삶은 복잡하고 무질서하며, 깜짝 놀랄 일이 연이어 일어난다.

내가 무질서에 질서를 부여하려고 바람결에도 이리 뒤척이고 저리 뒤척이는 사이, 아름다운 아내 린다는 안쓰러운 눈빛으로 나를 가만히 바라보았다. 하루는 우리 농장에 있는 내 서재로 들어오더니, 요즘 시편에 관한 강의를 듣고 있다고 말했다. "당신 묵상에 순서는 필요 없어요. 시편처럼요. 삶의 길을 따라가면서 그저 반응하는 거예요. 시편은 신학이 아니에요. 그보다는 변화를 이야기하는 것에 더 가깝죠." 그러더니 친구인 베르델 크리셔에게 받았다는 시를 내게 읽어주었다.

시편

시인가 상충하는가
기도인가 경험적인가
칭송인가 장엄한가
노래인가 어두운가

한탄인가 격렬한가

사적인가 비난조인가

공동체적인가 편안한가

네, 그렇습니다.

시편에 나오는 150편의 시는 모두 다섯 권으로 나뉘는데, 이 구분에는 장르나 역사 또는 글쓴이 같은 그 어떤 기준도 없다. 필립 얀시는 "150편의 시는 삶 그 자체처럼 어렵고, 무질서하고, 정신없다"고 썼다.

이 책에서, 또는 후반부 여정에서 순차적 정렬을 바라는 사람은 곧 실망할 것이다. 후반부 삶은 무질서하고 놀라우며, 계획대로 되는 경우가 드물다. 바로 그 점에서, 삶은 경이롭다. 30대에는 그처럼 무질서하게 살기란 아예 불가능한 일처럼 보이고, 그런 탓에 그 나이에 삶의 형태를 바꾸려면 매우 불편하다.

나는 불편함을 감수하고 무질서를 끌어안는 법을 터득했다. 성공 가도를 포기할 때 마주치는 미지의 세계를 신뢰하는 법도 터득했다.

시편 기자는 익숙한 세계, 안락한 세계를 떠날 때의 두려움을 잘 안다. 그는 사울 왕을 피해 동굴로 들어가면서 이렇게 썼다.

하나님이여 내게 은혜를 베푸소서 내게 은혜를 베푸소서 내 영혼이 주께로 피하되 주의 날개 그늘 아래에서 이 재앙들이 지나기까지 피하리이다 내가 지존하신 하나님께 부르짖음이여 곧 나를 위하여 모든 것을 이루시는 하나님께로다 그가 하늘에서 보내사 나를 삼키려는 자의 비방에서 나를 구원하실지라 (셀라) 하나님이 그의 인자와 진리를 보내시리로다 내 영혼이 사자들 가운데에서 살며 내가 불사르는 자들 중에 누웠으니 곧 사람의 아들들 중에라 그들의 이는 창과 화살이요 그들의 혀는 날카로운 칼 같도다 하나님이여 주는 하늘 위에 높이 들리시며 주의 영광이 온 세계 위에 높아지기를 원하나이다(시 57:1-5).

하프타임 이전의 내 삶은 질서정연했다. 성공하려면 으레 그래야 했으니까. 그 질서정연함의 관성은 지금도 우리를 강하게 끌어당기지만, 그 관성이 돌연 깨지면 우리는 숨을 돌리고, 처음 창조될 때의 본성으로 돌아간다. 지금 당장 1장을 다 읽어야 한다는 압박감을 느낀다면, 다음 페이지에 있는 질문에 당신의 생각을 적고, 책을 내려놓은 다음, 심호흡을 깊이 하고 눈을 감아라. 그리고 당신이 해야 할 필생의 일로 돌아가라.

그것이야말로 참된 세계다.

생각하기

내 하프타임 여정에서 질문은 늘 큰 역할을 했다. 이 책에서도 각 장 끝에 몇 가지 질문을 던지려 한다. 잘 읽고, 당신 상황에 맞는 질문 두세 개를 골라 그에 대한 생각을 일기장에 적어보라.

1. 영화나 소설, 노래, 시, 인용문을 보고 '딱 내 이야기'라고 생각한 적이 있는가? 지금 당신의 마음 상태를 시편과 같은 시로 쓴다면 어떻게 쓰겠는가?

2. 달력에서 지난 두 주간의 일정을 살펴보라. 계획에 없던 뜻밖의 일이 생기거나 뜻밖의 대화를 나눈 적이 있는가? 그때 화가 났는가? 그 뒤로도 계속 화가 풀리지 않았는가?

3. 시간을 절약하고 관리하는 온갖 도구와 기술이 당신 삶에 무엇을 더해주었는가? 삶에서 빼앗아간 것은 무엇인가? 당신은 둘 중에 어느 것을 더 바라는가? 삶에 더해진 것인가, 삶에서 빼앗긴 것인가?

4. 경영 전문가 피터 드러커는 "계획을 세우는 사람이 이 세상에서 가장 불행한 사람"이라고 했다. 당신이 아는 사람 중에 계획을 잘 세우는 사람과 좀 더 즉흥적인 사람을 생각해보라. 누가 더 행복해 보이는가? 당신은 두 사람의 어떤 자질을 존경하는가?

5. 내일이 '쉬는 날'이라면 당신은 무엇을 하겠는가?

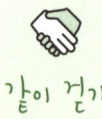

같이 걷기

여호와의 말씀이니라 너희를 향한 나의 생각을 내가 아나니 평안이요 재앙이 아니니라 너희에게 미래와 희망을 주는 것이니라.

_예레미야 29장 11절

그러므로 내일 일을 위하여 염려하지 말라 내일 일은 내일이 염려할 것이요 한 날의 괴로움은 그 날로 족하니라.

_마태복음 6장 34절

인간은 계획을 천 개나 갖고 있지만, 하늘의 계획은 오직 하나뿐이다.

_중국 속담

Chapter 2

내가 열정을
느끼는 것은

한 주도 거르지 않고 받는 질문이 있다. "지금 제가 하프타임에 있
다는 걸 어떻게 압니까? 언제 다음 단계로 넘어가야 할지는 또 어떻
게 압니까?" 케니 로저스의 노래는 이렇게 조언한다. "당신은 패를
쥐고 있어야 할 때와 버려야 할 때를 알지." 그리고 내 대답은 늘 이
런 식이다. "때가 되면 알게 마련이다. 당신 이야기를 들려달라."

그 질문의 답은 언제나 개인적이고, 직관적이며, 인간적이다. 그
리고 분석이 아닌 통찰력에서 나온다. 당신은 오래 심사숙고하다가
어느 날 갑자기 '그것'을 본다. 그리고 다음에 무엇을 해야 할지도 훤
히 꿰뚫는다. 하지만 그것은 오래전부터 당신의 과거에 존재했었다.
일단 새로운 미래를 보고 나면, "내가 과연 그것을 하게 될까?"라는
질문으로, 더 정확히 말하면 "내게 과연 그 일을 시작할 의지가 있을

까?"라는 질문으로 옮겨 간다.

한 가지 주의할 점이 있다. 하프타임은 위기가 아니다. 당신을 녹초로 만드는 피곤한 일에서 손을 떼게 하는 것도, 힘든 결혼생활의 해독제도 아니다. 하프타임은 대개 정상에 올랐거나 정상 가까이 갔지만 성공의 쾌감이 예전 같지 않을 때 온다. 이때 당신은 성공을 부정적으로 보지는 않지만 성공에 무관심해진다.

크게 성공한 사람 가운데 의미 있는 미래를 위해 하던 일을 그만둔 대표적인 인물로 체스 세계챔피언 게리 카스파로프가 있다. 이 사람의 이야기는 〈월스트리트 저널〉에 상세히 소개되었다.

30년 전, 나는 소련 주니어 챔피언십을 시작으로, 전국 규모의 체스 경기에 참가하기 시작했다. 20년 전에는 모스크바에서 역대 최연소 세계 챔피언이 되었다. 지난주 스페인에서는 생애 마지막 경기인 리나레스 슈퍼토너먼트에 참가해 아홉 번째 우승을 따냈다. 30년을 프로 체스 선수로 활동하면서 20년간 세계 1위 자리를 지켰지만, 이제는 프로 체스에서 은퇴하기로 결심했다. … 나는 목표가 필요하고, 변화를 이끌어 내기를 좋아하는 사람이다. … 나는 언제나 야심 찬 목표를 세웠고, 그 목표를 거의 다 이룰 정도로 운이 좋았다. 체스에서 성취할 수 있는 것은 거의 다 성취한 터라 아무리 해도 성에 차지 않았다. … 하지만 변화를 이끌어낼 영역은 여전히 존재해서, 그곳에서 새로운 목표를 세우고 힘을 발산할 통로를 찾을 수 있을 것이다. 내 나이 마흔한 살, 아직도 성취할 것이 많다. 체스에서 얻은 경험은 이제까지 새로운 도전에 훌륭한 기초가 되었다. … 궁극적으로 내 자원을 체스가 아닌 다른 곳에 쓰기로 마음먹은 결정적 계기는 정치에 대한 관심이었다. 여러 해 동안 나는 러시아의 민주주의를 열렬히 지지했고, 정치에 직접 참여한 적도 있었다. 그리고 이제는 체스 판 앞에서의 결단과 열정을 정치에 쏟을 수 있으리라 생각한다.

내 재능과 경험은 정치에서도 유용하게 쓰일 것이다. 체스 선수는 체스 판 전체를 볼 줄 안다. 그러나 정치인 상당수가 하나의 문제, 또는 문제의 어느 한 면에 집중하는 탓에, 언뜻 관련이 없어 보이는 부분을 챙기지 않아 문제를 해결하지 못하는 경우가 있다. 하지만 체스 선수에게는 전체를 조망하는 것이 지극히 자연스럽다.

카스파로프는 현재, 체스에서 얻은 지식과 열정을 더 큰 판에 쏟고 있다. 한 분야에서 성공할 만큼 성공한 그는 이제 정치에 입문해 의미를 찾고자 한다. 이보다 더 '험난하고 당돌한 거대 목표'가 어디 있겠는가. 그에게는 지금이 앞으로 나아갈 때라고 말해주는 사람이 필요 없었다. 하지만 어느 순간 무엇을 해야 할지 분명해졌고, 필요한 것은 그 일을 할 의지가 전부였다.

당신은 어떤 일을 해야 할지 이미 알고 있을지도 모른다. 아니면 적어도 성공은 할 만큼 했을 것이다. 그렇다면 이제 당신의 열정에 관심을 갖고 그것을 탐색하면서 당돌하고 거대한 꿈을 품어보자. 그러면 무엇을 해야 할지 알게 될 것이다. 그때 필요한 것은 그 일을 하겠다는 의지뿐이다.

생각하기

1. 당신에게는 어떤 일이 '아무리 해도 성에 차지 않은 일'이 되었는가? 당신
   은 이미 그 일에서 상당한 성취를 이루었을 수도 있다.

2. 당신이 열정을 느끼는 일, 시간 가는 줄도 모르고 생각하는 일은 무엇인
   가?

3. 당신의 능력을 이미 유용하게 활용하고 있는 일은 무엇인가?

4. 돈과 시간에 구애받지 않는다면, 당신이 하고 싶은 의미 있는 일이자 가
   장 큰 꿈은 무엇인가? 그 꿈을 실현하기 위해 당신이 할 수 있는 작은 일
   하나를 찾아보라.

같이 걷기

하나님은 기쁨을 위해 우리를 만드셨다. 하나님은 기쁨이고, 삶의 기쁨은 하나님이 우리를 창조하며 느끼신 원초적 기쁨을 나타낸다.

_교황 요한 바오로 2세

당신도 저와 같은 서른여덟 살일지도 모르겠습니다. 그리고 어느 날, 당신 앞에 놀라운 기회가 펼쳐지면서 중대한 원칙, 중대한 사안, 중대한 명분을 위해 일어서라고 당신을 부추깁니다. 하지만 당신은 두려워 거부합니다. 오래 살고 싶어 거부합니다. 일자리를 잃을까 두렵고, 손가락질을 받을까 두렵고, 인기를 잃을까 두렵고, 누군가 당신을 칼로 찌르거나 총으로 쏘거나 집을 폭파할까 두렵습니다. 그래서 일어서기를 거부합니다. 좋습니다, 지금처럼 사십시오. 아흔 살까지 살겠지요. 하지만 당신은 이미 서른여덟에 죽은 채로 아흔까지 살 것입니다. 그러다 숨을 멈춘다 해도 그것은 당신 영혼은 일찌감치 죽었다고 뒤늦게 선언하는 것일 뿐입니다. 정의를 위해 일어서기를 거부할 때 당신은 이미 죽은 목숨이었습니다. 진실을 위해 일어서기를 거부할 때 당신은 이미 죽은 목숨이었습니다. 당신은 정의를 위해 일어서기를 거부한 것입니다.

_마틴 루서 킹 주니어
암살되기 5개월 전의 설교, "하지만 만약 그렇지 않다면" 중에서

Chapter 3

리어왕
이야기

나는 《하프타임 1》에서 평생학습의 중요성을 강조한 바 있다. 그 것은 내가 서른세 살 때 세운 여섯 가지 목표 중 하나였다. 젊은이에 게 학교는 낭비라는 말도 있다. 젊은 시절에는 경험이 적은 탓에 배 운 지식을 충분히 이해하기 힘들다. 내 경우, 삶을 바라보는 비판적 통찰력을 얻은 것은 인생의 다른 계절에 문학(희곡, 시, 책)과 시사 문제 를 연관지어 생각하면서부터다. 내 친구인 인문학 교수 래리 앨럼스 박사는 두 주에 책 한 권 또는 희곡 한 편을 읽어오라는 숙제를 내주 면서 나를 위대한 문학의 세계로 안내했다. 나는 책이나 희곡에 나 오는 등장인물이 처한 극적인 상황과 내 처지를 비교하며 글을 쓰는 편이다. 위대한 문학을 이용한 정신분석이랄까. 나는 개인적 경험을 돌아보면서, 다른 사람들은 삶의 도전에 어떻게 반응했는가를 참고

하는데, 일종의 평생학습인 셈이다.

　나는 아내 린다와 두 주 동안 영국에 머문 적이 있다. 런던에서 열리는 이사회 회의를 핑계로, 수 킬로미터에 이르는 돌담으로 나뉜 코츠월드와 레이크컨트리의 눈부신 푸른 초원을 가로지르며 끝없이 차를 몰았다. 더없이 멋진 계절에, 양 떼로 가득한 푸른 초원에서 맞이하는 시원한 아침이라니. 우리는 영국에서 그렇게 멀리 북쪽으로 올라가본 적이 없었다. 그곳에는 돌로 지은 집들이 있는 작은 마을, 원형으로 나열된 신비한 돌, 그리고 '양치기 파이'와 '농부의 점심'이 나오는 아늑한 술집이 있었다.

　나에게 이 여행의 백미는 로열 셰익스피어 극단이 올린 〈리어왕〉에서 주인공을 연기한 이안 맥켈런을 체험한 일이다. ('체험'이라고밖에 달리 표현할 말이 없다.) 우리는 여러 달 전부터 이 연극표를 구하다가 결국 포기했었는데, 공연이 있는 바로 그날 밤에 어떤 사람이 예약을 취소하는 바람에 공연 시작 직전에 가장 좋은 자리(무대에서 다섯 번째 줄 두 자리)를 얻을 수 있었다. 기막힌 행운이었다.

　〈리어왕〉의 핵심 문제는 사치스러운 생활을 누리던 늙은 군주가 인생의 다음 단계로 어떻게 넘어가느냐 하는 것이다. 리어왕은 1막에서 자신의 의도를 천명한다.

내 분명한 뜻은 이제 나이도 들었으니 이런저런 근심과 국사를 젊은이들에게 넘겨주고 죽을 때까지 홀가분하게 살려는 것이다.

달리 말하면, 책임에서 벗어나고 싶다는 이야기다. 이후 세 시간 반 동안 이어지는 이 비극적 드라마를 간단히 요약하면, 리어왕은 이 과정에서 일대 혼란을 초래한다. 우선 두 딸인 리건과 고네릴에게 재산을 넘겨주는데, 이들은 이제까지 연극이나 영화에 등장한 인물 가운데 가장 비열한 자들로 꼽힐 법한 사람들이다. 효녀인 막내 코델리아는 언니들처럼 아부를 하지 않은 탓에 상속권을 박탈당한다. 그리고 뒤이어 이들 말대로 "온갖 지옥이 풀려난다." 권력을 남김없이 내놓은 리어왕은 마침내 못된 두 딸에게 쫓겨나 폭풍이 몰아치는 밤에 황야로 내몰린다.

결단이 필요한 시기에 셰익스피어의 위대한 작품 〈리어왕〉을 보며 중요한 실마리를 얻은 것은 이때가 두 번째였다. 첫 번째는 40대에 하프타임을 맞이했던 20년 전쯤의 일이다. 그때 나는 십여 년을 운영해온 텔레비전 사업에서 손을 떼고 리더십 네트워크Leadership Network(www.leadnet.org)에 전적으로 집중하는 것이 좋을지 고민하던 중이었다. 리더십 네트워크는 '성공' 지향적인 계절에서 빠져나와 좀 더 의미 있는 일을 찾다가 시작한 일이었다. 고민을 하던 중에 댈러스 대학에서 주최하는 '리어왕' 공개토론회에 참석할 기회가 생겼다. 루이스 코언 박사가 주도하고 당시 그가 키우던 스타 강사인 래리 앨럼스 박사가 나오는 토론회였다. 주도권을 넘긴 뒤에 일대 혼란을 초래한 리어왕을 보며 나는 그럴 수 없다고 결심했다. '리어왕' 덕분에 나는 그 뒤로 20년간 사업을 계속했다. 그리고 은퇴 대신, 형제들의 축복을 받으며 버포드 텔레비전Buford Television 경영을 개편해, 운영위원회 회장이 되었다. 회사 운영의 주도권은 유능하고 패기 넘치는 검증된 경영 팀에게 넘기고, 나는 소유주로서 몇몇 핵심 전략과 인사 결정에만 의견을 냈다. 리어왕처럼 왕국의 열쇠를 아예 넘기지는 않고, 소위 경영권 없는 회장이 된 셈이다. 이는 리어왕이 준 교훈이었다.

그렇다면 잉글랜드 레이크컨트리에서 〈리어왕〉을 볼 때는 어떤 교훈을 얻었을까? 그 시기 내 인생의 계절에 어떤 변화가 있었을까? 2007년 스트랫퍼드에서 열린 그 멋진 공연에 넋을 잃었을 때 나는 어떤 결단을 앞두고 있었을까? 나는 그때의 체험으로 은퇴는 아직 해당사항이 아니라는 점을 다시 한 번 확인했다. 어쩌면 모든 이에게 해당사항이 아닐 것이다. 우리는 목적을 갖고 활동하고 사회에 일익을 담당하도록 만들어졌으며, 그렇지 않을 경우 시들어버린다. 이 싱그러운 인생의 계절에, 나는 은퇴가 아니라 삶을 개편하려 한다. '마지막 순간까지 목적 있는 삶'을 살기로 새롭게 다짐한다. 지금 내 티셔츠에도 이 문구가 새겨 있다. 셰익스피어가 가르쳐준 삶이라 불러도 좋으리라!

우리는 학창시절에 의무적으로 《리어왕》을 읽지만 핵심은 놓치기 일쑤다. 너무 어리고 인생 경험도 충분치 않은 탓에, 이 위대한 이야기에 인간의 보편적 진실이 담겨있다는 사실을 모르고 지나간다. 하프타임에 공식적이든 비공식적이든 '끊임없는 교육' 프로그램이 절실한 이유도 바로 이 때문이다.

셰익스피어의 이 이야기를 구약성경에서 찾는다면 전도서에 나오는 솔로몬왕의 비극을 들 수 있다. 나는 해마다 전도서를 읽는다. 지금과는 다른 시대의 다른 이야기이지만, 정신적 교훈은 똑같다. 목적이 없다면 결코 사는 게 아니다.

생각하기

1. 최근에 소설을 읽거나 영화를 보고 깊이 감명을 받은 적이 있는지 생각해보라. 당신은 그 주연이나 조연과 어떤 식으로 연관이 있는가? 그 이야기가 어떻게 당신의 관점을 바꾸었는가?

2. 일과 관련한 학습이나 연구 외에, 자아 계발을 목적으로 관심을 두거나 꾸준히 학습하는 것은 무엇인가? 당신이 읽는 책에서 소설과 드라마, 시는 몇 퍼센트나 되는가?

3. 당신 인생에 가장 큰 영향을 미치는 지혜로운 인물은 누구인가? 즉, '당신의 고민을 터놓을 수 있는' 코치, 인생 조언자, 친구는 누구인가? 그 사람이 당신에게 영향을 미치는 두세 가지 방법을 열거해보라.

4. 리어왕은 자식들에게 왕국을 분할해주면서 혼란을 초래했다. 당신이 가족 앞에서 비슷한 결단을 해야 한다면 어떻게 행동하겠는가?

같이 걷기

우리가 지혜를 얻는 방법은 세 가지다. 첫째는 가장 고상한 사색이고, 둘째는 가장 쉬운 모방이며, 셋째는 가장 힘든 체험이다.

_공자

질문 이번에 <리어왕>을 세 번째 연출하셨습니다. 1968년에 처음 연출하셨고, 그다음은 1976년이었어요. 그러고 나서 30년 넘게 이 작품을 고민하셨습니다. 그 사이에 이 작품을 보는 눈이 어떻게 달라지셨나요?

대답 30년이 넘는 세월은 제 인생의 전반부가 아닌 '후반부'였습니다. 그러다 보니 운명적 죽음을 다루는 셰익스피어의 방식 그리고 우리가 운명적 죽음을 설명하거나 받아들이기 위해 구상하는 것들이 지금의 저에게는 대단히 설득력 있게 다가오더군요.

_스트랫퍼드에서 <리어왕>을 연출한 트레버 넌과의 대담에서

내가 마음을 다하여 지혜를 알고자 하며 세상에서 행해지는 일을 보았는데 밤낮으로 자지 못하는 자도 있도다 또 내가 하나님의 모든 행사를 살펴보니 해 아래에서 행해지는 일을 사람이 능히 알아낼 수 없도다.

_전도서 8장 16-17상반절

Chapter 4

그래서
모든 것이 달라졌다

의미를 측정한다는 게 가능한가? 얼마 전에 젊은 경영자들의 모임YPO 시카고 지부에서 연설할 내용을 준비하며 아침나절을 보낸 적이 있다. 내게는 제법 익숙한 청중이다. 나 역시 그 모임의 회원이었고, 연설도 여러 차례 했으니 말이다. 그들은 내 이야기를 꽤나 진지하게 받아들였다. 대학 교수까지 불러와 질의응답 형식으로 이런 저런 것들을 꼬치꼬치 캐물었고, 참가자 전원에게 《하프타임 1》을 보내주는가 하면, 질문할 내용을 세 쪽으로 요약해오기까지 했다. 마지막 질문은 대략 이랬다. "미국 사회는 성공(재정 자립과 안정성, 물질 소유 등)을 측정하는 방식에 어느 정도 합의를 도출한다. 그러나 의미를 측정하는 합의된 방식은 없다. 의미는 과연 어떻게 측정해야 하는가?"

진지한 질문이고, 당연한 질문이었다. 그동안 사람들에게 성공에서 의미로 옮겨가라고 말한 사람이 바로 나였다. 많은 사람이 사업과 비종교적인 일에 매달리는 이유는 아마도 그것들이 명백한 수치로 계량화되기 때문일지도 모른다. 이기든가 아니면 지든가. 당신이 계약을 따내든가 아니면 다른 사람이 따내든가. 부자가 되든가 아니면 파산하든가. 깔끔하게 떨어지는 계산이다.

나는 성공을 "지식과 경험을 활용해 나만의 포트폴리오 만들기(계량화)"라고 정의한다. 의미도 비슷하다. 다만 사명이 다를 뿐이다. 의미는 "지식과 경험을 활용해 타인에게 봉사하기"로 정의한다. 그리고 타인에게 봉사하다 보면 하나님을 섬기게 된다. 피터 드러커는 비영리 활동이나 사역 활동의 '최종 결실'을 '변화한 삶'으로 정의한다. "결실은 변화한 인간이다. 비영리 조직은 인간을 바꾸는 곳이다. 이 조직의 '산물'은 치유된 환자, 학습하는 아이, 자긍심 있는 성인으로 성장한 젊은이들, 즉 인간의 모든 변화한 삶이다."[1]

성공은 대개 외적인 것들이다. 리처드 후버는 《성공을 바라보는 미국적 사고》 The American Idea of Success에서 성공을 세 가지, 즉 돈, 명성, 권력으로 정의한다. 마태복음은 예수께서 광야에서 40일을 보낸 뒤에 어떤 유혹을 받았는지 묘사한다(마 4:1-11). 나는 심오하고 보편적인 이 이야기에 나오는 세 가지 유혹을 떠올릴 때마다 후버의 광범위한 연구에서 나온 세 가지 성공과 꼭 닮았다는 생각을 한다. 2천 년이라는 세월이 무색하게 유혹은 달라진 게 없다.

의미를 정의하는 일은 좀 더 개인적이고 내적이다. 그것은 실존적 선택이다. 그것은 성공이 행동과 선택의 자유를 주는 이 시대에,

인생에서 어떤 일을 하고 싶은가에 관한 것이다. 선진국 국민이라면 이 두 가지 자유는 얼마든지 누릴 수 있다.

그러나 타인에게 봉사하겠다는 선택은 전적으로 우리에게 달렸다. 신학 용어로 말하자면 '자유의지'다. 우리가 선택하기 나름이고, 경제적 보상은 없다. 그리고 그 결과는 매우 다양하다. 하지만 경영자 모임에서 나온 질문처럼 그것을 측정할 '일반적으로 합의된' 방식은 없다. 다만 '변화한 삶'이 있을 뿐이다. 그렇다면 변화한 삶을 측정할 수 있을까? 내 생각에는 할 수 있다. 그러나 그것은 개인적이고 주관적이다. "딱히 설명할 수는 없지만, 내게는 분명 희망이 있다"며 자신의 희망을 애써 설명하려는 사람처럼 말이다. 피터 드러커는 예전에 내게 이렇게 말했다. "측정할 수 없을 때도 있지만, 그게 있긴 하다는 건 자네도 알지."

생각하기

1. '전반부에서는 온통 점수 따기에만 집중했다. 후반부에서는 점수 따위는 필요 없다. 삶을 좀 더 의미 있게 만드는 일을 하고 싶을 뿐이다.' 하프타임에 있는 사람들의 공통된 생각이다. 그렇다면 나이가 들면서 왜 '점수 따기'에 관심이 시들해질까?

2. 당신의 성공 기준은 무엇인가? 다시 말해, 일을 하면서 당신은 어떤 식으로 점수를 매기는가? 그 기준에 도달하기 위해 어떤 노력을 하는가?

3. 의미 측정도 성공 측정만큼이나 중요하게 생각되는가? 그렇지 않다면, 그렇게 되기를 바라는가?

4. 삶에서 의미를 측정하는 당신만의 방법이 있는가? 없다면, 어떤 방법을 선택할 수 있겠는가? 만약 의미를 성취했다면, 그 사실을 어떻게 알 수 있는가?

5. 당신의 후반부 사명은 무엇이며, 그것에서 어떻게 의미를 찾을 수 있겠는가?

같이 걷기

3천 년의 세월을 돌이켜 볼 줄 모르는 사람은 하루살이 인생을 살 뿐이다.

_괴테

노란 숲 속에 길이 두 갈래로 났었습니다.
나는 두 길을 다 가지 못하는 것을 안타깝게 생각하면서,
오랫동안 서서 한 길이 굽어 꺾여 내려간 데까지,
바라다볼 수 있는 데까지 멀리 바라다보았습니다.

그리고, 똑같이 아름다운 다른 길을 택했습니다.
그 길에는 풀이 더 있고 사람이 걸은 자취가 적어,
아마 더 걸어야 될 길이라고 나는 생각했었던 게지요.
그 길을 걸으므로, 그 길도 거의 같아질 것이지만.

그날 아침 두 길에는
낙엽을 밟은 자취는 없었습니다.
아, 나는 다음 날을 위하여 한 길은 남겨두었습니다.
길은 길에 연하여 끝없으므로
내가 다시 돌아올 것을 의심하면서……

훗날에 훗날에 나는 어디선가
한숨을 쉬면 이야기할 것입니다.

같이 걷기

숲 속에 두 갈래 길이 있었다고,
나는 사람이 적게 간 길을 택하였다고,
그리고 그것 때문에 모든 것이 달라졌다고.

_로버트 프로스트, 「가지 않은 길」 피천득 옮김

Chapter 5

자신의
정직을 관찰하기

나는 늘 말했다. "좋은 게 좋은 거지." 그러다가 얼마 전부터는 '정말 그럴까?' 하는 생각이 들었다. 야망도 좋다. 열심히 일하는 것도 좋다. 여가, 휴식, 놀이 다 좋다. 하지만 모두 한계가 있다. 나에게 한계를 생각하게 한 두 남자가 있다. 그들은 하나님을 섬기고 타인에게 봉사하는 삶을 사는 좋은 사람들이다. 나는 그들을 존경한다. 텔레비전 뉴스에서는 온갖 몹쓸 방법으로 거짓말을 하고, 속이고, 훔치고, 규칙을 어기는 나쁜 사람들의 이야기가 끊임없이 흘러나온다. 하지만 나는 선량한 사람의 이야기를 하려 한다. 내가 아는 사람들은 거의 다 좋은 사람들이다. 그들은 목적 있는 삶을 살고, 또 마지막 날까지 그렇게 살려고 한다. 내가 지금부터 이야기하려고 하는 두 남자처럼.

이 두 사람은 모두 어쩌다 보니 자신의 한계를 넘고 말았다.

그들은 50대 담임목사로, 사람들과의 소통에 타고난 소질을 발휘해, 자신이 섬기는 사람들에게서 사랑과 존경을 받는다. 사실 사람들은 이들에게 경외감을 느낄 정도다. 교회에는 매주 2,000명이 넘는 성도들이 찾아온다. 이런 교회의 담임목사가 느낄 중압감을 상상해보라. 무엇보다도 매주 설교할 내용을 준비해 수천 명 앞에 서야 하고, 사람들의 시선을 한 몸에 받는다는 중압감이 있다. 여기에다 대규모 예배에서의 지도력과 책임감이 더해지면 그 중압감은 더 무거워진다.

둘 중 한 사람은 미국 서부에서 교회를 담임하고 있다. 직접 교회를 세웠고, 이후 글을 쓰면서, 그리고 많은 목회자를 대상으로 리더십 세미나를 개최하면서 유명해졌다. 그러다가 얼마 전에는 목회자들에게 탈진 경험담을 들려주었다. 그는 자신이 모든 것을 날조한다는 느낌마저 들었다고 했다.

'속이 익는다'는 느낌이 들더군요. 일에 의욕을 잃었습니다. 예전에는 열정적으로 하던 일이 그저 직업이 되어버렸습니다. 날마다 마지못해 끌려 나갔어요. 뭔가 문제가 있다 싶어서 친구들과 상의했고, 결국 병원에 가보기로 했습니다. 의사는 기력이 소진되었다는 진단을 내리더니, 6개월간 아무것도 하지 말고 쉬라더군요. 상황은 정말 심각했습니다.

나는 "그럴 수 없다"고 말했지만, 이내 수도원을 예약해 잠깐 동안 조용히 쉬기로 했습니다. 비록 충분한 휴식은 아니었지만, 적어도 내 상황을 곰곰이 생각하면서 가족과 동료에게 책임을 느끼고 업무 일정을 훨씬 느슨하게 조정할 방법을 고민하기에는 충분한 시간이었습니다. 그 뒤로 모든 중요한 일을 아랫사람에게 위임했고, 그들은 일을 훌륭히 해 냈습니다.

미국의 정반대 편에서 대형 교회를 맡고 있는 또 다른 목사도 소진된 느낌이 들기 시작했다. 예배에 참석하는 수많은 성도들 역시 이미 예상한 일이다. 그는 대단히 꼼꼼한 성격이었고, 어떤 일도 다른 사람에게 맡기려 들지 않았다. 대형 교회를 작은 교구 교회 꾸리듯 운영하면서 매주 설교를 준비하고 성도들을 일일이 챙겼다. 결국 몸이 축나기 시작했고, 진통제에 의지하다가 급기야 의사의 처방전을 달고 사는 형편이 되었다. 나중에 알려진 일이지만, 교회 성도 중에 의사가 여럿 있었는데 목사는 이들에게서 중독성 있는 독한 처방전을 동시에 받고 있었고, 의사들은 서로 그 사실을 전혀 몰랐다. 그는 수면 위로 점잖게 떠 있지만 수면 아래로는 물에 뜨기 위해 정신 없이 발버둥을 치는 오리나 다름없었다.

그와 한 배를 탄 사람들은 뭔가 잘못되어간다는 사실을 눈치챘고, 사람을 고용해 목사를 보조해야 한다고 생각했다. 그중 한 사람이 나중에 이렇게 말했다. "우리는 그릇된 재앙을 그릇된 방식으로 해결하려 했죠. 하지만 그때는 몰랐어요." 상황은 극단으로 치달았고, 급기야 지역 신문 1면에 그의 약물 중독 사실이 보도되었다. 사람들은 경악했다. 그는 담임목사직을 일시적으로 내려놓고, 재활 치료소에서 6개월간 전문 치료를 받았다.

첫 번째 목사는 현재 완전히 회복해 영적 활기를 되찾고 일할 의욕과 기운을 다시 얻었다. 그는 자신의 문제를 다른 목사들과 함께 이야기하며 '그들에게 제때 주의를 환기하고자' 노력한다. 두 번째 목사는 다른 분야에서 일을 찾았다. 그곳에는 희망이 있었다. 그는 영리한 사람이어서, 그가 봉사하던 사람들 및 가족과의 관계를 회복하려고 애쓰는 중이다. 하지만 아직 시간이 더 필요했다.

나는 문학 개인 교사인 래리 앨럼스 박사에게 이 문제를 물었다. 그는 수많은 문학과 드라마가 '비극적 결점'에서 선회한다고 했다. 등장인물이 자신의 한계를 스스로에게 또는 타인에게 인정하지 않으려는 결점이다. 셰익스피어 작품에서, 율리우스 카이사르는 위대한 장군이지만 대단히 서툰 정치인이었다. 자기 한 몸만 생각한 리어왕은 은퇴해 편히 살고픈 욕심에, 왕국과 자신의 미래를 다른 사람에게 맡겨버리는 실수를 저지른다.

앞에서 언급한 목사들의 비극적 결점은 자신의 한계를 인정하지 않은 점, 일이 대단히 커졌는데도 다른 사람의 도움을 번번이 뿌리친 점이다.

하프타임은 소진이 아닌 전환이 필요한 시기다. 그러나 이 시기에도 여전히 자신의 비극적 결점을 외면하는 사람들이 있다. 안타깝지만 이런 사람들은 절대 후반부에 진입하지 못한다. 하프타임에서 꼭 해야 할 일 하나는 자신을 정직하게 관찰하는 것이다. 그리고 바꿔야 할 점을 인정하고 그것을 과감히 고쳐나가는 것이다.

생각하기

1. 크든 작든, 배우자나 친한 친구에게 숨기는 비밀이 있는가? 그것을 말하지 못하는 이유가 무엇인가?

2. 누구에게나 '비극적 결점'이 있다는 데 동의하는가? 그렇다면 당신의 비극적 결점은 무엇인가? 친한 친구나 배우자가 말하는 당신의 비극적 결점은 무엇인가?

3. 에너지가 소진되었다고 느낀 적이 있는가? 그때 어떤 느낌이었는가? 그 상황에 어떻게 대처했는가? 그 일로 삶을 어떻게 바꾸었는가?

4. 일터에서, 가정에서, 사적인 영역에서 각각 다른 사람이 되어야 한다고 말하는 사람도 있다. 당신에게는 그 말이 어느 정도 해당되는가? 셋 중에 당신의 참모습이 가장 잘 드러나는 영역은 어떤 영역인가?

5. 〈애스펀 타임스〉*Aspen Times*는 1면에 항상 이런 글귀를 싣는다. "신문에서 보고 싶지 않은 기사가 있다면, 그 일이 일어나지 않게 하라." 좋은 말이다. 당신이 보고 싶지 않은 기사는 무엇인가?

같이 걷기

위선과 왜곡이 종교라는 이름으로 세상에 통용되고 있다.

_ 마하트마 간디

우리는 거짓되고, 이중적이며, 모순 그 자체일 뿐이다. 우리는 자신에게도
참모습을 속이고 위장한다.

_ 블레즈 파스칼

자기기만은 남을 속이는 지름길이다.

_ 데이비드 리빙스턴

바른 길로 행하는 자는 걸음이 평안하려니와 굽은 길로 행하는 자는 드러
나리라.

_ 잠언 10장 9절

2부

모험을
선택하다

다른 많은 사람처럼,
그리고 내가 이야기를 나눈 거의 모든 하프타임의 사람들처럼,
앨릭스 역시 자신이 어떤 의미 있는 명분에 끌리는지 알 수 없었다.
하지만 역시 다른 사람들처럼 그도 저비용 탐사를 이용해,
인생의 새로운 계절에 무엇이 그의 열정을 다시 불사를지 시험할 것이다.
앨릭스가 삶에 열린 태도를 보이고 여유를 찾는다면,
하나님은 다른 사람들에게 그랬듯이 그의 앞길을 비춰주실 것이다.

본문 중에서

Chapter 6

같은 강물에
발을 두 번 담글 수 없다

이사를 해본 적이 있는가? 집을 옮기든 사무실을 옮기든, 이사는 손이 많이 가는 일이다. 하지만 그다지 필요치 않은 물건을 정리할 좋은 기회이기도 하다. 몇 달 전에 리더십 네트워크도 사무실을 옮겼다. 댈러스 쿼드랭글이 내려다보이는 곳으로, 고작 세 블록 동쪽으로 옮겼을 뿐인데도 일이 많기는 마찬가지였다. 나와 유능한 조수인 BJ 엥글은 온갖 잡동사니를 쌓아두는 데 선수다. 뭐든 절대 버리는 법이 없다. 나는 이참에 하루를 할애해 서랍, 서류철 등을 구석구석 뒤져 10년 묵은 물건들을 정리했다. 그렇게 과거의 유물을 정리하고 버리면서, 몇 가지 사실을 깨달았다.

과거는 과거다. 과거는 절대 다시 오지 않는다. "같은 강물에 발을 두 번 담그지 못한다"는 말이 있다. 물은 계속 흐르기 때문이다. 나는 10년 동안 쌓아둔 서류를 커다란 플라스틱 휴지통으로 일곱 통이나 버렸다. 한때는 더없이 중요한 서류였지만 다음 날 아침이면 쓰레기 매립지에 있을 것이다. 나는 왜 이것들을 모두 쌓아두었을까? 답장도 안 한 이메일을 200통이나 실수로 영구 삭제해버리고는 망연자실하던 친구가 있었다. 하지만 며칠 안 가서 그 정도로는 사업이 망하지 않는다는 사실을 깨달았다. 망하기는커녕 사람들은 그가 답장을 안 했다는 사실조차 모르는 것 같았다. 우리가 보관하는 것들이 사실은 전혀 중요하지 않을지도 모른다.

과거는 미래를 가로막는다. 과거에 사는 것은 모래 늪을 걷는 것과 마찬가지여서, 움직임을 방해하고, 현재에 반응하려는 행동의 자유를 방해한다. '중요한 서류'를 버리던 날, 나는 사업을 할 때도 실컷 모아둔 재산을 없애고 다시 모으곤 했다는 사실이 떠올랐다. 제법 괜찮은 정리 규칙이다. 서류를 하나 보관할 때마다 예전 서류 하나 버리기.

살다 보면 파울볼을 칠 때도, 시추 작업이 허사로 끝날 때도 있는 법이다. 산처럼 쌓인 〈하프타임〉 과월호도 폐기했다. 딱 3호까지 나오고 끝난 잡지다. 잡지 발행은 무척 흥미로운 경험이었다. 내게 기본적으로 편집자와 저자의 차이를 가르쳐준 경험이었으며, 이때 얻은 지식은 네 번째 책 《하프타임의 고수들》*Finishing well, 국제제자훈련원 역간*을 쓸 때 무척 유용했다. 그때만 해도 잡지 발행은 기발한 생각 같았고, 실제로도 그랬을 것이다. 하지만 잡지는 서서히 수명을 다했다. 그 외에 출발이 잘못된 다른 일들도 흔적을 지웠다. 우리가 하는 일의 상당수는 시작과 끝이 있으며, 그건 문제되지 않는다는 점을 기억하자. 실패를 오래 끌어안고 살지 말자.

홈런을 치기까지는 수많은 공을 쳐야 한다. 리더십 네트워크에서 필 안슈츠를 비롯해 몇 사람과 제휴해 진행하는 프로그램이 있다. 미국의 초대형 교회를 대상으로 하는 프로그램인데, 이들 교회는 지난 6년간 교회를 1,650개나 새로 세우고 교회 지도자 수천 명을 대상으로 강연회를 무려 1,100회나 열었다. 그것도 미국에서만! 잠재 에너지를 활성 에너지로 전환했을 때 생기는 놀라운 변화다. 일이 계획대로 풀리지 않을 때마다 하던 일을 포기했다면, 이 초대형 교회 프로그램도 결코 결실을 맺지 못했을 것이다.

내가 1984년에 리더십 네트워크를 설립하면서 병행경력을 시작했을 때, 우리 목적은 빠르게 성장하는 교회를 지원해 단시일 내에 성장시키는 것이었다. 그때만 해도 우리가 초대형 교회로 규정했던 성도 수 1,000명을 넘긴 교회는 극소수였다. 그 뒤 2006년 2월 3일에 리더십 네트워크의 데이브 트래비스와 하트포드연구소 종교분과의 스콧 서마가 공동으로 발표한 내용에 따르면, 매주 교회에 나오는 성도 수가 2,000명이 넘는 초대형 교회는 1,210곳이었다. 이들 교회에 나오는 성도 수는 모두 합쳐 매주 440만 명에 가깝고, 여기서 걷히는 헌금은 70억 달러에 이른다. 꼬박 하루를 들여 서류를 정리하지 않았다면, 모르고 지나쳤을 성과다. 그리고 보면 일부러 짬을 내어 과거를 돌아보는 것도 좋은 일이다.

우리는 우주를 통제할 수 없다. 삶은 고차방정식이다. 변수도 많고, 나는 그 변수 중 하나일 뿐이다. 돌이켜보면, 내가 마음에 품었던 일은 시간이 지나 거의 다 실현되었다. 하지만 대개는 애초 의도와 거리가 있었다. "계획은 인간이 하고, 성패는 하나님께 달렸다"는 말도 있지 않은가.

의미는 자신보다 더 위대한 명분의 일부가 되라는 소명이다. 이 소명은 지난 20년 동안 내 삶의 중심이었다. 그 점에서 후회는 조금도 없다. 몇 년 전 피터 드러커와 대화를 나누던 중에, 사업을 키우는 일 말고 하나님이 주신 소명이라고 생각되는 일에 초점을 맞추면서 "테이블에 참 많은 돈을 놓고 나왔다"며 나도 모르게 한탄을 했었다. 그러자 피터 드러커가 대꾸했다. "그렇지. 하지만 자네는 지난 15년의 삶을 얻었잖은가." 드러커는 내게 의미가 돈을 이긴다는 사실을 보여주었고, 인생에서 여유를 찾고 조화를 추구해 '어른'의 직업으로 옮겨간다는 것은 급한 일보다 중요한 일에 시간을 내는 것이라는 점을 일깨워주었다.

인생 조언자는 대단히 중요하다. 오래된 서류를 정리하다가 멘토가 얼마나 중요한지 새삼 깨달았다. 피터 드러커가 교회에 미친 영향을 제대로 아는 사람은 거의 없다. 내게는 피터와의 대화를 담은 노트와 테이프가 제법 많은데, 대개 미국에서 내로라하는 목사들과의 대화가 담겼다. 사실 피터는 '현대 경영학의 아버지'라는 호칭을 썩 내켜하지 않았다. 자신이 진정으로 기여한 부분은 사람과 잠재력이라는 생각 때문이다. 그동안 피터의 서류를 모두 보관해두길 정말 잘했다. 그의 몸은 우리 곁을 떠났지만, 그가 남긴 지혜와 조언과 본

보기는 얼마나 훌륭한 유산인가. 그 유산은 앞으로 20년은 족히 우리를 안내할 것이며, 그러한 유산은 많을수록 좋다.

사무실을 옮기면서, 과거와 관련된 것들 중에는 버려야 할 것이 있고, 애지중지 아끼고 보관해야 할 것이 있다는 생각을 했다. 그리고 하루 짬을 내어 그 두 가지 유물을 천천히 정리하면서, 내 삶의 여러 계절을 돌아보았다. 이사는 미룰 일이 아닌 것 같다.

생각하기

1. 과거에 기발하다고 생각했던 일의 결과가 그다지 성공적이지 못한 경험을 두세 가지 꼽아보라. 거기서 당신은 어떤 교훈을 얻었는가? 당신은 그 상황을 어떻게 바라보는가? 그 일로 괴롭거나 당혹스러운가, 아니면 그 일을 떨쳐버릴 수 있는가?

2. 삶을 돌아보면서, 그동안의 시간을 서너 계절로 나눠보라. 그리고 각 계절을 가장 잘 설명할 단어나 짧은 문장을 생각해보라. 다가올 계절에는 어떤 이름을 붙이겠는가? 배우자나 친한 친구에게 또는 당신이 속한 소그룹에 그 이유를 논리적으로 설명해보라. 그들도 동의하는가? 그들에게 비친 당신의 삶을 보려고 노력하라.

3. 당신의 과거에서 애지중지 아낄 것을 서너 가지 꼽아보라. 시간을 내어 그것들을 세밀한 부분까지 곰곰이 생각해보라. 그것이 왜 그리 소중한가?

4. 다음 출장길에 아주 오래된 편지를 몇 통 챙겨 가라. 그 편지를 하나하나 읽으면서, 지금의 삶과 그 편지를 받았을 때의 삶을 비교해보라. 삶이 어떻게 변했는가? 지금이라면 그 편지에 뭐라고 답장을 하겠는가?

같이 걷기

범사가 기한이 있고 천하 만사가 다 때가 있나니
날 때가 있고 죽을 때가 있으며
심을 때가 있고 심은 것을 뽑을 때가 있으며
죽일 때가 있고 치료할 때가 있으며
헐 때가 있고 세울 때가 있으며
울 때가 있고 웃을 때가 있으며
슬퍼할 때가 있고 춤출 때가 있으며
돌을 던져버릴 때가 있고 돌을 거둘 때가 있으며
안을 때가 있고 안는 일을 멀리 할 때가 있으며
찾을 때가 있고 잃을 때가 있으며
지킬 때가 있고 버릴 때가 있으며
찢을 때가 있고 꿰맬 때가 있으며
잠잠할 때가 있고 말할 때가 있으며
사랑할 때가 있고 미워할 때가 있으며
전쟁할 때가 있고 평화할 때가 있느니라
일하는 자가 그의 수고로 말미암아 무슨 이익이 있으랴 하나님이 인생
들에게 노고를 주사 애쓰게 하신 것을 내가 보았노라 하나님이 모든 것
을 지으시되 때를 따라 아름답게 하셨고 또 사람들에게는 영원을 사모
하는 마음을 주셨느니라 그러나 하나님이 하시는 일의 시종을 사람으로
측량할 수 없게 하셨도다.

_전도서 3장 1-11절

Chapter 7

거꾸로
십일조

예전에 어떤 남자가 내게 전화를 걸어 조언을 구했다. 나는 늘 하던 대로 대답했다. "선생 얘기부터 해보시죠." 이 남자를 앨릭스라고 해두자. 앨릭스는 약 20년 전쯤에, 내 친구 돈 윌리엄스와 함께 일한 수백 명의 야심 찬 젊은이 가운데 한 사람이었다. 윌리엄스가 회장으로 있는 트래멀크로우는 부동산 경기가 호황을 누리던 1980년대에 미국 최대의 상업용 택지 개발 업체로 빠르게 성장했다. 많은 사람이 단시일에 부자가 됐던 그 시기는, 정부가 돌연 경기 규칙을 바꿔 시장에 대혼란을 초래하면서 막을 내렸다. 한껏 부푼 풍선이 바늘에 찔리듯 리스 금리와 부동산 가치가 폭락했고 텍사스의 대형 은행 열 곳 중 아홉 곳이 파산했다. 나는 그 혼란의 시기에 댈러스에서 윌리엄스와 소그룹 활동을 하고 있었다. 그야말로 신경이 곤두서는 시기였다. 그 전까지는 쉽게 맺었던 파트너십이 갑자기 대단히 풀기 어려운 숙제가 되어 버렸다. 윌리엄스는 폭풍우를 만나 난파될 위기에 처한 배의 키를 단단히 붙잡고 있었다.

트래멀크로우가 자본 가치 창출에 초점을 둔 느슨한 파트너십 관계에서 수수료를 받고 자산을 관리해주는 상장기업으로 전환하면서, 앨릭스를 비롯해 파트너로 일하던 많은 젊은이가 거리로 나앉을 판이었다. 앨릭스가 말했다. "정말 암담한 시기였지만, 제게는 분명 절호의 기회였을 겁니다." 그는 다른 몇 사람과 함께 부동산 개발 벤처사업을 시작했고, 맨땅에서 일군 그 사업은 현재 시가총액이 300억 달러에 이르는 기업으로 성장했다. 앨릭스는 현재 그곳의 최고경영자다.

몇 년 전에 반짝 호황을 누리다가 파산한 사업가를 상담한 일이 있다. 주가 폭락으로 1억 달러가 눈앞에서 사라지는 광경을 지켜보아야 했던 사람이다. 그는 앨릭스와 한동네에 살았다. 앨릭스가 그에게 자신의 이야기를 털어놓자 그는 두 가지 조언을 해주었다. 잘나갈 때 빠져나올 것, 그리고 밥 버포드에게 전화를 걸어 남은 인생을 어떻게 보낼지 상담할 것. 경제적으로 남부러울 게 없는 앨릭스는 부동산 사업의 긴장감과 과도한 업무에 지쳐갔지만, 회전목마에서 내려오는 법을 몰랐다. 또 한편으로는 한창 무르익은 신앙과 관련해 뭔가 해야 한다는 내면의 부름을 느끼면서도 어디서 시작해야 할지 감을 잡지 못했다. 그것이 그의 문제였다.

나 역시 하프타임을 맞아 성공에서 의미로 옮겨가는 것을 내 인생의 주요 과제로 삼겠노라고 결심했을 때, 마치 오디오테이프를 틀어 놓은 듯 이런 말이 내 마음에 맴돌았다. "고릴라와 춤을 추면, 고릴 라가 멈추기 전에는 절대 멈출 수 없지."

그때 나는 춤을 멈추고 싶었고, 앨릭스의 지금 심정도 그랬다. 하 지만 어떻게? 내가 가진 것이 충분하다는 것을 어떻게 알 수 있을 까? 나는 한창 잘나가는 텔레비전 사업의 경영자였다. 하지만 앞서 '리어왕'을 언급하며 말했듯이, 버포드 텔레비전의 경영권을 다른 사 람에게 넘기고, 내 시간의 80퍼센트를 그리스도인으로서의 소명 실 천에 사용했다. 내가 말하는 '병행경력'이다. 나는 진정으로 원하는 삶을 살기까지 8년이 걸렸다.

아내 린다와 나는 1987년에 우리의 유일한 상속자인 아들 로스를 비극적인 사고로 잃었다. 그러고 나서 "어느 정도면 충분하겠는가?" 라는 물음에 대답했다. 말하자면 '거꾸로 십일조'를 실행한 셈인데, 수입의 10분의 1을 교회에 내놓는 게 아니라, 우리 재산에서 린다와 내가 제법 편안하게 살아갈 돈만 떼어놓고 나머지를 모두 좋은 일에 내놓기로 결정한 것이다. 그 좋은 일은 지금 내가 능력과 열정을 쏟 고 있는 일이다. 로스가 살아 있었다면, 그 아이가 사회생활을 시작 하는 데 필요한 돈도 어느 정도 떼어놓았을 것이다. 뜻하지 않은 일 들이 우리 계획표를 바꿔놓는 바람에 우리는 일찌감치 새로운 일에 착수한 셈이다.

앨릭스는 중역회의에서 최고경영자 자리에서 조용히 물러나고 싶 다는 의사를 표시했다. 사람들은 2년만 더 있어 달라 했고, 그 요구는 내 생각에도, 또 그가 생각하기에도 타당해 보였다. 다른 많은 사람처럼, 그리고 내가 이야기를 나눈 거의 모든 하프타임에 있는 사람들처럼, 앨릭스 역시 자신이 어떤 의미 있는 명분에 끌리는지 알 수 없었다. 하지만 역시 다른 사람들처럼 그도 저비용 탐사를 이용해, 인생의 새로운 계절에 무엇이 그의 열정을 다시 불사를지 시험할 것이다. 앨릭스가 삶에 열린 태도를 보이고 여유를 찾는다면, 하나님은 다른 사람들에게 그랬듯이 그의 앞길을 비춰주실 것이다.

그렇다면 가질 만큼 가졌을 때를 어떻게 알 수 있을까? 고릴라와 춤추는 것이 싫증날 때를 주목하라. 우리 인간의 본성은 더 많은 것을 원하는 탓에 돈, 성공, 성취가 충분하다 싶을 때까지 의미를 미뤄두려고 한다.

생각하기

1. 사람들은 대개 사십 대가 되면 하던 일에 싫증이 나거나 '다른 일'에 마음이 끌리기 시작한다. 하지만 그들 대부분은 '고릴라와 춤추기'를 계속한다. 성공을 버리고 더 나은 일을 하기가 그토록 힘든 이유가 무엇이라고 생각하는가?

2. 돈, 성공, 성취라는 삶의 세 영역이 당신에게 얼마나 중요한지 수치로 나타내보라. 세 영역에서 얻은 것 중에 좋은 것은 무엇인가? 그것을 얻느라 잃은 것은 무엇인가?

3. 당신이 지금보다 돈도 더 많아지고 더 크게 성공하고 더 많이 성취한다면 삶이 어떻게 더 좋아지겠는가? 그것들을 더 얻기 위해 '춤'을 추어야 한다면 그 춤을 즐길 수 있겠는가?

4. 만약 당신의 삶이 완벽하다면, 그 삶에서 대단히 '값진' 요소는 무엇이겠는가? 돈이나 성공, 성취로도 대신할 수 없는 것은 무엇인가?

5. 배우자나 친한 친구 앞에서 위 물음에 대답해보라. 그리고 그들에게도 같은 질문을 던져보라. 그들의 대답이 당신과 똑같아서, 또는 너무 달라서 놀라지는 않았는가?

같이 걷기

너희를 위하여 보물을 땅에 쌓아두지 말라 거기는 좀과 동록이 해하며 도둑이 구멍을 뚫고 도둑질하느니라 오직 너희를 위하여 보물을 하늘에 쌓아두라 거기는 좀이나 동록이 해하지 못하며 도둑이 구멍을 뚫지도 못하고 도둑질도 못하느니라 네 보물 있는 그곳에는 네 마음도 있느니라 … 한 사람이 두 주인을 섬기지 못할 것이니 혹 이를 미워하고 저를 사랑하거나 혹 이를 중히 여기고 저를 경히 여김이라 너희가 하나님과 재물을 겸하여 섬기지 못하느니라.

_ 마태복음 6장 19-21, 24절

내가 명심하는 사실 또 하나는 겉으로는 있어 보여도 실제로는 지독히 가난한 부류의 인간이란 쓰레기를 모아둔 채, 그것을 어떻게 쓰는지, 또는 어떻게 처분하는지 몰라서 자기 발에 채울 금 족쇄, 은 족쇄를 만드는 족속이다.

_ 헨리 데이비드 소로

돈은 종종 지나치게 많은 대가를 요구한다.

_ 랠프 월도 에머슨

Chapter 8

침묵이라는
선물

오래 살수록 침묵의 가치는 더 크게 다가온다. 잡음이 섞이지 않은 순수한 침묵, 소음의 부재, 흰 공간, 빈 도화지처럼 말이다.

2년 전 나는 지난 65년간 부지런히 살아온 나에게 주는 선물로, 연장된 하프타임에 대한 투자로 일주일에 쉬는 날을 하루씩 더 주기로 했다. 나는 은퇴를 생각해본 적이 없다. 단 한 번도! 일은 심리적으로도 내게 꼭 필요하다. 나는 사회에 기여하지 않으면 아무짝에도 쓸모없는 사람이라는 느낌을 받는다. 그것도 아주 빠르게.

기여하지 않는 삶은 어둠을 탓하는 것과 마찬가지다. 나는 사람들과 어울리기를 좋아한다. 능력 있는 사람들과는 더욱 그렇다. 그러면서도 침묵을 소중히 여기는 수도사 같은 면도 있어서, 주간 일정에 침묵하는 프로그램도 넣어두었다.

지금 내 리듬은 일을 완전히 끝내고 아주 은퇴하는 게 아니라, 월요일부터 목요일까지는 소명이라 생각하는 일을 하고, 금요일부터 일요일까지는 자유롭게 쉬는 식이다. 쉬는 날은 대개 동부 텍사스에 있는 스틸포인트팜에서 계획 없이 자유를 즐긴다. 더러는 아내 린다와 잘 알려지지 않은 멋진 장소를 찾아가기도 한다.

얼마 전 뉴욕으로 출장을 떠나기 앞서 〈하이드어웨이 리포트〉*The Hideaway Report*를 뒤적이다가 뉴욕 북쪽의 작은 마을에 있는 '허드슨 강가의 성'이라는 곳을 발견했다. 우리는 그날 오후에 그곳에 머물며 14제곱킬로미터에 이르는 록펠러 저택 주변을 걸었다. 공기는 서늘하고 상쾌했다. 나무는 주황과 갈색으로, 빨강과 노랑으로 타올랐다. 주중이라 우리 외에는 사람들도 거의 없었다. 공원 관리자는 이때가 일 년 중 최고의 계절이라고 했다. 우리는 여유롭게 소곤소곤 이야기를 나누며 손을 잡고 숲길을 걸었다.

이틀 뒤에 뉴욕의 그 유명한 포시즌스 레스토랑에서 월스트리트 친구 둘과 점심식사를 했다. 우리 소질을 살려 함께할 일을 의논하려고 모인 자리였다. 레스토랑은 더없이 멋졌다. 유명한 건축가 미스 반 데어 로에가 설계한 빌딩에, 탁자마다 거물급 인사들이 앉아 있었다. 저쪽에는 잭 웰치가, 방 건너편에는 미식 축구선수 조 몬태나가 앉아 있었고, 바로 옆에서는 전 시티그룹 회장인 샌포드 웨일이 장삿속을 드러내고 있었다. 여기는 뉴욕이 아닌가!

하지만 나는 스틸포인트팜으로 돌아갈 때가 가장 행복하다. 이곳의 가장 큰 선물은 침묵이다. 강요와 필요로부터의 해방, 일을 애써 성사시키는 것이 아니라 순리에 따라 저절로 이루어지게 하는 능력을 준다.

이곳에서 내 판단은 더 선명해진다. 여기서는 일이 잘 풀린다. 여기서는 경험, 지식, 기억, 성령, 좋은 책들이 희한하고도 놀랍게 한데 통합된다. 여기서는 시가 통한다. 침묵의 내용은 이성보다는 믿음과 직관의 영역에 더 가깝다. 신기하게도 침묵은 우리 삶에서 별개로 보이는 생각과 사건을 연결하고 이해하게 한다.

토머스 머튼(20세기 중반의 가톨릭 수사이자 영성 작가)은 경건한 시간에 나를 찾아와 말한다. "중요한 것은 생각이 아니라 하마터면 전혀 모르고 지나갈 뻔한 침묵의 시간과 참된 존재의 차원이다. … 그 어느 것도 말로 표현될 필요가 없다는 사실을 깨달을 수 있다면, 우리 존재의 중심에 새겨진 침묵, 그것은 우리를 실망시키지 않을 것이다. 그것은 침묵 이상이다. 예수님께서 생수의 근원을 언급하셨다는 점을 기억하라."[2]

나는 일기로 대답한다. "네, 맞습니다. 그것은 침묵 그 이상입니다. 이상이고말고요. 그것은 '바라봄'이라는 소중한 선물입니다. 있는 그대로를 보는 것입니다. 한 번도 침묵하지 않은 점, 편협한 시각에서 벗어나 똑바로 보지 않은 점은 리어왕의 비극적 결함이었습니다."

PBS 프로그램인 〈미국의 대가들〉 시리즈에서 알베르트 아인슈타인 편을 보는데, 이 위대한 물리학자가 이런 말을 하는 모습이 나온다. "자연을 자세히 보고 또 봐라. 그러면 모든 것을 이해할 것이다.

나는 나이가 들면서, 지금 이곳과의 동화가 차츰 사라진다. 그보다는 자연에 녹아들고 합쳐진다는 느낌이 든다. 기분 좋은 느낌이다. 우리가 경험할 수 있는 최고의 것은 신비스러움이다."

프로그램 후반부에, 전직 이스라엘 대사인 아바 에반이 아인슈타인과의 대화를 회상했다. "그분은 종교적 사고도 간과해서는 안 된다고 말씀하셨어요. 인간의 이해력이 무력해지는 영역이 있다는 걸 직접 체험하셨거든요."

나는 잠시 침묵하며, 이와 일맥상통하는 성경 구절을 기억해냈다. "믿음은 바라는 것들의 실상이요 보이지 않는 것들의 증거니"(히 11:1).

그 뒤 린다와 나는 텔레비전에서 버락 오바마가 자신의 책《버락 오바마 담대한 희망》*The Audacity of hope*, 랜덤하우스코리아 역간에 대해 대담을 나누는 것을 보았다. 그는 상식을 이야기하듯 말했다. "믿음이란 원래 증명될 수 없습니다. 반면에 정치는 구체적이고 반드시 증명되어야 합니다."[3]

다음 날 아침, 나는 다시 토머스 머튼으로 돌아갔다. 그 역시 아인슈타인과 오바마, 그리고 사도 바울과 똑같은 말을 했었다. "실제로 인간은 명확히 정의되지 않고 쉽게 설명할 수 없는 말에 반응하면서 삶을 결정한다. 인간은 설명할 수 없는 공허에 직면해 사랑을 결심하고, 그 공허에서 설명할 수 없는 진실이 나온다. 이 진실 덕에 인간의 존재는 평온하게 유지된다." 그러니까 확실성을 요구하지 않을 때 우리는 삶의 진실에 더 가까이 다가간다는 이야기다.

시간을 갖고 침묵하다 보면, 생각이 모아진다. 여러 개의 점이 연결되기 시작한다. 은둔하는 수도사의 조용한 목소리, 그리고 세계적인 물리학자, 떠오르는 정치 스타, 2천 년 전의 사도 바울 사이에는 어떤 울림이 있다. '일을 애써 성사시키는' 월요일부터 목요일까지의 세상에서는 나오지 않는, 스틸포인트팜의 서늘하고 상쾌한 아침의 침묵에서만 나오는 것도 바로 그 울림이다. 당신은 어디에서 그런 울림을 얻는가?

애니 딜라드는 《자연의 지혜》민음사 역간에서, 어떤 생각이 분명해질 때까지 조용히 기다리는 자세를 놀라운 문장으로 묘사한다.

> 그렇다면 본다는 것의 신비는 값진 진주다. 그 진주를 찾아 영원히 간직하는 법을 가르쳐줄 사람만 있다면, 그가 미치광이라도 나는 그를 따라 비틀거리며 맨발로 사막을 백 번이라도 건너겠다. 하지만 진주가 나온다 해도, 아무도 진주를 찾으려 하지 않을지도 모른다.
>
> 빛을 밝히는 문학은 무엇보다도 이 점을 잘 보여주는데, 그것은 기다리는 사람에게 오지만, 가장 숙련되고 능숙한 사람에게도 깜짝 놀랄 선물이 된다. … 나는 직접 빛을 밝히지는 못한다. 내가 할 수 있는 것이라고는 기껏해야 나를 불빛이 비치는 길목에 놓으려고 애쓰는 것뿐이다.
>
> 저 먼 우주에서는 태양풍을 타고 항해를 할 수도 있다. 빛은 입자든 파동이든 힘을 갖고 있어서, 우리는 거대한 돛단배를 만들어 띄울 수도 있다. 본다는 것의 신비는 태양풍을 타고 항해하는 것이다. 정신을 수양하고 펼쳐라. 살짝 훅 불기만 해도 부풀어 오르는 반투명 돛이 될 때까지.

매주 하루를 통째로 내어 침묵할 여건이 안 되는 사람도 있을 것이다. 그렇다면 한 시간 또는 오전이나 오후만이라도 시작해보자. 당신이 고요하고 낮은 목소리를 들었다면 짧은 침묵의 순간이었을 것이다. 좀 더 시간을 내보자. 그러면 그 목소리가 더 긴 이야기를 들려줄 것이다.

생각하기

1. 내가 말한 침묵의 필요성이 일리가 있다고 생각되는가, 아니면 딴 세상 소리 같은가? 그 이유는 무엇인가?

2. 많은 사람이 한참 동안 조용히 앉아 있으면 딴 생각이 들까 두려워 침묵을 회피한다. 또 어떤 사람은 너무 바빠서 '조용한 시간'을 낼 짬이 없다고 말한다. 당신 삶에서 침묵을 방해하는 요소는 무엇인가?

3. 지난주 또는 지난달에 따로 시간을 내어 혼자 말없이, 다른 일은 하지 않고 오로지 듣고 생각하고 관찰한 적이 있는가? 있다면, 그 결과는 어떠했는가? 유익했는가, 어색했는가, 시간 낭비였는가?

4. 지구상에서 당신에게 침묵을 허락하는 장소는 어디인가? 침묵하다 보면 어떤 목소리가 들리는가?

5. 정기적으로 침묵의 시간을 따로 갖지 못하는 이유는 무엇인가? 당신 삶에 침묵의 시간을 마련하려면 무엇이 필요하겠는가?

같이 걷기

… 여호와 앞에 크고 강한 바람이 산을 가르고 바위를 부수나 바람 가운
데에 여호와께서 계시지 아니하며 바람 후에 지진이 있으나 지진 가운
데에도 여호와께서 계시지 아니하며 또 지진 후에 불이 있으나 불 가운
데에도 여호와께서 계시지 아니하더니 불 후에 세미한 소리가 있는지라.

_ 열왕기상 19장 11-12절

나의 영혼아 잠잠히 하나님만 바라라
무릇 나의 소망이 그로부터 나오는도다
…
피난처도 하나님께 있도다.

_ 시편 62편 5-7절

이따금씩 잠깐이라도 떠나라. 그랬다가 다시 일을 잡으면 판단력이 좋아
진다. 계속 일만 하다 보면 힘을 잃게 마련이다.

_ 레오나르도 다빈치

Chapter 9

사소한 것에서
얻는 기쁨

더러는 사소한 것, 예상치 못한 것, 놀라운 것이 우리 삶을 바꾸기도 한다. 이런 것들은 대개 우리가 '백 배 수확'이라는 원대한 목표를 추구하는 사이에 소리 없이 지나가버린다. 안타깝게도 나는 번번이 그것들을 놓치곤 한다. 린다는 내가 숫자에 지나치게 집착한다고 말한다. 남자들이란 원래 감정을 수시로 통제하면서 사소한 것들이 지나갈 틈을 주지 않는 모양이다. 산더미처럼 쌓인 '꼭 해야 할 일들'을 해치우는 동안, 사소한 것들은 아예 눈치채지도 못한다.

최근 나에게 '사소한 일'이 두 가지 일어났다. 내 '무정한 차단 장치'를 너끈히 통과해버린 사건이었다. 하나는 뜻하지 않게 나를 감동시켜 몰래 눈물을 훔치게 한 이메일 한 통이었고, 또 하나는 뜻밖의 방문이었다.

이메일은 워싱턴 D. C.에 있는 AP 통신 정치부 수석 기자 론 포니어가 보낸 것이다. 론은 재계, 정계, 종교계가 만나는 새로운 지점을 주제로 책을 쓰고 있었는데, 그와 관련한 흥미로운 자료를 교환하느라 나와 연락을 주고받았다. 그가 보낸 이메일 내용은 이렇다.

얼마 전에, 공항에서 작별 인사를 나누는 어머니와 딸의 대화를 어깨너머로 듣게 되었습니다. 출발을 알리는 방송이 나오자 두 사람은 검색대 옆에서 포옹을 하더군요. 그리고 어머니가 말씀하셨습니다. "사랑한다. 네가 넉넉히 살면 좋겠구나."

딸이 대답했죠. "엄마, 우린 넉넉한 것 이상이에요. 저는 엄마 사랑만 있으면 돼요. 엄마도 넉넉히 살면 좋겠어요."

두 사람은 입맞춤을 했고, 딸은 떠났습니다. 어머니는 제가 앉은 창가로 걸어오셨어요. 거기 서서 울고 싶었던 모양이에요. 저는 되도록 방해하지 않으려 했는데, 그분이 먼저 말을 걸어오시더군요. "마지막이 되리라는 걸 알면서 작별 인사를 해본 적 있어요?"

"아, 네, 있어요. 그런데 실례지만, 왜 마지막 작별이 된 건가요?"

"나는 늙었어요. 딸은 너무 멀리 떨어져 살고. 나는 앞으로 힘들게 살겠지. 딸아이가 다시 올 때는 내 장례식 때문일 거예요."

"아까 넉넉히 살면 좋겠다고 인사를 하시던데, 무슨 뜻인가요?"

그분은 슬며시 웃으시더군요. "예전부터 내려오던 인사말이라오. 우리 부모님은 누구에게나 그렇게 말씀하셨지."

그분은 잠깐 뜸을 들이더니 그때를 기억하려는 듯 허공을 올려다보고는 활짝 웃으시더군요. "우리가 '넉넉하기 바랍니다'라고 말할 때는 삶이 좋은 것들로 가득해서 그 힘으로 살아가기 바란다는 뜻이라오."

그러더니 저를 바라보시며 낭독하듯 이렇게 암송하셨어요.

태양이 넉넉해서 당신의 태도를 밝게 지켜준다면 좋겠습니다.
비가 넉넉해서 태양의 가치를 더 절실히 느낀다면 좋겠습니다.
행복이 넉넉해서 당신 영혼에 생기를 불어넣는다면 좋겠습니다.
고통이 넉넉해서 아주 작은 기쁨이 훨씬 크게 보인다면 좋겠습니다.
상실이 넉넉해서 당신이 가진 모든 것에 감사한다면 좋겠습니다.
안녕이라는 말이 넉넉해서 당신이 마지막 작별 인사를 무사히 통과한다면 좋겠습니다.
그분은 눈물을 흘리더니 자리를 뜨셨습니다.
사람들은 말합니다. 특별한 사람을 찾기까지는 일 분이 걸리고, 그 사람의 진가를 알기까지는 한 시간이 걸리고, 그 사람을 사랑하기까지는 하루가 걸리지만, 그 사람을 잊기까지는 평생이 걸린다고.

이런 이메일을 받으면 앞으로 메일을 끝까지 읽기 전에는 절대 삭제 버튼을 누르지 않으리라는 결심이 굳어진다. 나는 주위의 지혜로운 사람들에게 큰 감동을 받았고, 론이 출장길에 오른 다른 사업가들처럼 그 여자분을 쌀쌀맞게 대하지 않고 함께 이야기를 나눠 줘서 고마웠다.

두 번째 '사소한 일'은 데이비드 부소가 찾아온 일이었다. 유명한 사회사업가인 데이비드는 소액 대출 분야의 선구자로, 국제기회협회Opportunity International를 설립하여, 27개국 41개 파트너와 공조해 가난한 사람들에게 삶을 바꿀 기회를 제공한다. 현재는 인도네시아 쓰나미 피해 지역과 북한에까지 사업을 확대하고 있다. 현실적인 성인군자인 셈이다.

무척 조용하고 자신을 드러내지 않는 성격인 데이비드와의 약속이 오전 9시로 달력에 표시되어 있었다. 나는 그가 댈러스에서 이런저런 볼일을 보고 '지나는 길에' 들르려니 생각했다. 우리는 그의 고향인 오스트레일리아 교회를 대상으로 리더십 네트워크 프로그램을 구상하는 중이었다. 일 년에 한 번이라도 교회에 발을 들여놓는 인구가 고작 5퍼센트인 나라에서 결코 쉽지 않은 일이다. 우리는 그 문제를 꺼내기는 했지만, 그의 마음속에는 진지한 의제나 사업 구상은 없었고, 우리는 그저 친한 친구처럼 이야기를 나누었다.

두어 시간을 그렇게 이야기하다가 데이비드가 나를 깜짝 놀라게 하는 말을 꺼냈다. "아, 제가 시간을 많이 뺐었군요. 어제 로스앤젤레스에서 사회사업 시상식이 있어서 상을 받으러 미국에 왔다가 선생님을 뵈러 어젯밤에 이곳에 왔어요. 이따가 오후에 오스트레일리아로 돌아갑니다." 놀라운 일이었다. 정말이지, 깜짝 놀랐다.

나는 그가 지나는 길에 인사차 들렀으려니 생각했고, 그래서 '사소한 일'로 여겼다. 그가 나를 따로 찾아올 만한 급한 용건이 없었기 때문이다. 대화 막판에 자금을 더 대달라는 요구도 하지 않았다. 그는 악수를 나누고 승강기를 타고 내려갔다. 나는 할 말을 잃었다.

다음 날 아침, 나는 데이비드에게 이메일을 보냈다.

어제 선생님께서 찾아오셨던 일을 아직도 곱씹고 있습니다. 두어 시간 저를 보려고 로스앤젤레스에서까지 일부러 찾아오시다니, 쉽게 말해 흔치 않은 일입니다. 큰 영광이었습니다. 공적으로도 그렇지만 사적으로도 영광이었다는 점이 중요하겠지요. 국제기회협회, 인도네시아, 북한 등지에서 선생님께서 꾸준히 펼치시는 사업의 규모를 생각하면, 선생님 인생에서 이틀을 따로 떼어 저를 찾아와 그저 이야기를 나누며 시간을 보낸다는 건 결코 쉬운 일이 아닙니다. 요즘 들어 주로 말로 장사를 해먹는 저로서도 어제 만남의 의미를 어떻게 표현해야 할지 모르겠습니다. 그저 선생님의 호의가 영광스럽고, 힘이 되고, 감사하다고 말씀드릴 밖에요.

데이비드가 찾아왔던 일은 두고두고 잊지 못할 것 같다. 마치 새벽 2시에 자는 사람을 깨워 "대체 무슨 일이야?"라고 묻는 것 같은 일이었다. 하지만 계획보다 사람과 인간관계가 중요하다고 믿는다면, 왜 이런 '사소한 일'에 놀라야 하는가? 우리가 사소한 일을 주고받는 데 좀 더 시간을 쓴다면 어떤 일이 일어날까?

생각하기

1. 동료가 단순히 안부를 물으려고 사무실에 고개를 내밀었을 때 당신은 주로 어떻게 반응하는가? 그 순간이 방해가 되는가, 아니면 작은 축복 같은가? 공손히 인사하고 그냥 보내는가, 아니면 들어오라고 해서 몇 분이라도 잡담을 나누는가?

2. 당신 삶에서 특별한 사람들을 적어보라. 그들이 왜 특별한가? 그들에게 감사하는 표시로 당신은 어떤 '사소한 일'을 할 수 있겠는가?

3. 상대가 친절하거나 너그러운 행동을 보여도 감정의 경계를 쉽게 풀지 못하는 사람이 있다. 당신도 그런가? 그렇다면 당신이 경계하는 대상은 무엇인가?

4. 지난, 몇 주 동안 다른 사람에게서 받은 '사소한 것'을 목록으로 작성해보라. 그 목록이 길어서 또는 짧아서 놀랐는가? 그 사소한 것이 당신에게 어떤 영향을 미쳤는가?

5. 누군가 호의를 베풀었을 때, 스위치가 켜지는 당신의 '무정한 차단 장치'는 무엇인가? 스위치를 끄면 어떤 일이 일어나겠는가?

같이 걷기

두세 사람이 내 이름으로 모인 곳에는 나도 그들 중에 있느니라.

_마태복음 18장 20절

그는 힘을 다하여 내 몸에 향유를 부어 내 장례를 미리 준비하였느니라
내가 진실로 너희에게 이르노니 온 천하에 어디서든지 복음이 전파되는
곳에는 이 여자가 행한 일도 말하여 그를 기억하리라 하시니라

_마가복음 14장 8-9절

Chapter 10

자신을 타인과
공유하는 모험

살을 빼겠다거나 담배를 끊겠다고 결심한 적이 있는가? 대개 1월
에 그런 결심을 하고, 2월이 되면 결심이 무너지기 시작한다. 새해
결심은 동부 텍사스 호수의 아침 안개보다 더 빠르게 사라진다. 시
작은 그럴듯하지만 금방 시들어버린다. 그래서 작년에는 아예 결심
하기를 포기했다. 나 역시 다른 사람들처럼 제대로 실천한 적이 없
었으니까. 나는 30년 전에 마음먹은 일을 이제껏 고민 중이다. 새해
결심과는 관계없는 일이다. 지금까지 해마다 지키지 못하는 나 자신
과의 약속이 무엇인지는 여기서 밝히지 않겠다. 다만 독자들도 나와
별반 다르지 않으리라 추측할 뿐이다.

알베르트 아인슈타인은 '미친 짓이란 전에 했던 일을 그대로 반복
하면서 다른 결과를 기대하는 것'이라는 유명한 정의를 남겼다. 그렇

다면 우리는 변화를 바라면서도 왜 하던 일을 계속할까?

나는 30년 지기 친구 덕분에 이 딜레마에 답을 얻을 수 있었다. 제임스 설스는 예술가다. 그는 진정한 낭만주의자의 마음을 지닌 거대한 산 같은 사람으로, 실용주의자인 동시에 신비주의자다. 그는 손으로는 대규모 작업을 수행하고 마음으로는 대단히 풍부한 소묘를 완성한다. 최근에는 제럴드 피터 갤러리에서 인상적인 전시회를 열었다. 내가 일하는 댈러스 사무실 바로 길 건너에 있는 화랑이다.

하루는 일에 열중해 있는데, 조수가 저쪽 구석에서 고개를 까딱 올리고는 "깜짝 놀랄 손님이 오셨습니다. 제임스 설스 씨예요." 하고 말하는 게 아닌가. 제임스는 작품 설치를 마치고 잠시 짬을 내어 밖으로 나온 참이었다. 나는 그와 인사를 나누며 뭔가 달라졌다는 느낌을 받았다.

이런저런 이야기를 나누던 중에 그는 내게 그의 다섯 딸 중 한 명의 이야기를 꺼냈다. "딸아이 하나가 뉴욕대학에서 미술을 전공하는 거, 자네도 알지. 그 애가 하루는 '아빠, 아빠는 좌우명이 뭐예요?' 하고 묻잖겠어." 제임스는 "한 번도 생각 안 해봐서, 없는데" 라고 대답했다. 그러자 딸이 말했다. "아빠, 교수님 한 분이 과제를 내셨어요. 예술가 한 사람하고 인터뷰해서 그 사람의 좌우명을 알아오라는 건데, 아빠가 그 대상이라고요!"

"나는 잠깐 생각했지. 그랬더니 딱 세 줄이 떠오르더라고." 제임스가 그 세 가지를 말해주는데, 나는 그 말을 기억해두고 싶어서 그에게 사무실 칠판에 써달라고 했다. 그가 쓴 내용은 이렇다.

타고난 재능을 알아보자.

타고난 재능을 인정하자.

타고난 재능을 발휘하자.

예술가에게 그리고 우리에게도 훌륭한 말이 아닐 수 없다. 우리는 자신에게만 초점을 맞춘 채 우리의 진정한 정체성을 형성하는 것이 무엇인지 놓치는 경우가 허다하다. 타고난 재능을 생각한다는 것은 우리 참모습의 상당 부분이 외부에서 형성된다는 사실을 인정하는 것이다. "나는 이걸 해냈다" 또는 "나는 이걸 획득했다"가 아니라 "나는 이걸 받았다. 내가 가진 소중한 재주, 기술, 자질은 선물이다"라고 말하는 것이다.

겸손은 타고난 재능을 인정하는 것과 관계가 깊다. 그 재능이 하나님에게서 오든, 다른 어떤 사람에게서 오든 우리 스스로 획득한 것은 아니다. 그것은 당연한 권리가 아니며, 재능을 주는 주체의 은총에서 나온다. 타고난 재능은 거래나 교환 대상이 아니다. 삶을 타고난 재능의 집합체로 생각한다면, 내게만 초점을 맞추지 않고, 누군가 내게 재능을 주었듯이 나도 내 재능을 다른 사람과 너그럽게 나눌 수 있다. 그렇게 되면 삶은 지키지 못할 자신과의 끊임없는 약속이 아니라, 자신을 타인과 공유하는 모험이다.

제임스는 나에게 자극제가 된다. 그는 '보는' 재능을 선물로 받았다고 인정하는 겸손과 힘을 보여주었다. 그는 "타고난 재능을 발휘"해야 한다는 노동윤리와 책임의식도 느꼈다. 나는 그가 가진 재능의 수혜자다. 린다와 내가 그의 작품 네 점을 날마다 보면서 살아서만이 아니라 여러 해 동안 우정을 쌓고 다소 특이한 방식으로 같은 명분을 공유한다는 점에서 그러하다. 나는 제임스의 조각과 그림에서 언제나 기교 이상의 것을, 초월적이며 상징적인 것을 발견한다.

그날 늦게 린다와 나는 전시회 개막식에 참석했다. 제임스는 그곳에서 그의 작품에, 그리고 작품의 가치를 알아보는 사람들에 둘러싸여, 그 특유의 암호문 같은 말투로 이야기했다. "저는 여러분과 함께 있습니다. 그리고 제 재능이 어디서 오는지 알고 있습니다." 그는 자신의 타고난 재능을 알아보고, 받아들이며, 그것을 부여한 주체를 인정한다. 그리고 우리 주위에는 그가 여러 달 동안 도끼와 용접기와 펜을 이용해 열심히 작업한 작품들, 그러니까 그가 재능을 발휘한 가시적 결과물이 놓여 있었다. 전시회 제목 또한 '주고받기'라니!

정기적으로 새로운 결심을 하면서 더 나은 사람이 되려고 노력하는 것도 좋다. 그것이 잘못일 리 없다. 다만 우리가 이미 갖고 있는 것을 알아보고 그것을 발전시키는 데 좀 더 시간을 써야 하지 않을까 싶다.

생각하기

1. 당신의 특별한 재주, 기술, 능력, 자질 등의 타고난 재능 가운데 뛰어난 것 세 가지는 무엇인가?

2. 인생에서 어느 시기에 그 재능을 알아보았는가?

3. 당신의 재능을 격려하고 키워준 사람이 누구였는지 자문해보라. 부모 님? 선생님? 당신은 다른 사람에게 어떻게 그렇게 할 수 있겠는가?

4. 당신은 재능을 어떤 식으로 발휘하는가? 다른 사람을 위해 당신의 재능 을 극대화하는 방법은 무엇인가?

같이 걷기

삶의 모험은 배우는 것이다.
삶의 목적은 성장하는 것이다.
삶의 본성은 변화하는 것이다.
삶의 도전은 극복하는 것이다.
삶의 본질은 보살피는 것이다.
삶의 비결은 대담해지는 것이다.
삶의 아름다움은 주는 것이다.
삶의 기쁨은 사랑하는 것이다.

_ 윌리엄 아서 워드

사람의 선물은 그의 길을 넓게 하며 또 존귀한 자 앞으로 그를 인도하느
니라.

_ 잠언 18장 16절

주의 손가락으로 만드신 주의 하늘과 주께서 베풀어두신 달과 별들을
내가 보오니 사람이 무엇이기에 주께서 그를 생각하시며 인자가 무엇이
기에 주께서 그를 돌보시나이까 그를 하나님보다 조금 못하게 하시고
영화와 존귀로 관을 씌우셨나이다.

_ 시편 8편 3-5절

3부

의미를
추구하다

앤드루 카네기는 서른세 살에 자신을
"빈곤층의 교육과 생활 개선"에 재투자하기로 결심하면서,
일기에 기회 손실에 대해 이렇게 적었다.
"사람은 우상을 품게 마련인데,
그중에서도 재산 축적은 최악의 우상숭배에 속한다.
돈을 숭배하는 것만큼 사람을 타락하게 하는 것도 없다.
나는 어떤 일을 하든 있는 힘껏 밀어붙이는 성격이라,
신중히 따져서 정신을 고양시키는 삶을 잘 선택해야 한다."
… 카네기는 살아생전에 재산의 90퍼센트를 기부하며
멋진 인생을 살았다. 돈을 주고 의미를 산 셈이다.

_본문 중에서

Chapter 11

기부,
그 이상

〈타임〉Time은 매해 첫 호에, 전년도의 가장 의미 있는 인물을 '올해의 인물'로 선정해 발표하면서, 이런저런 평가를 곁들인다. 성탄절과 새해 첫날 사이에, 누가 올해의 인물로 선정될지 추측하는 일은 린다와 나의 연례행사다. 그런데 2005년에는 무척이나 난감했다. 굵직한 뉴스는 죄다 전쟁 아니면 자연재해였으니까. 이라크 전쟁, 인도네시아 지진해일, 미국을 휩쓴 허리케인 카트리나, 리타, 윌마…. 〈타임〉이 사람이 아닌 자연재해를 올해의 인물로 선정할까?

우리는 일주일 뒤인 1월 2일자 〈타임〉을 보며, 과연 편집자가 탁월한 선택을 했다고 생각했다. 올해의 인물에 선정된 사람은 빌 게이츠와 멜린다 게이츠 부부 그리고 보노였다. 문제가 아닌 성과에 초점을 맞춘 선택이었다. 〈타임〉의 설명은 이랬다. "자연재해는 참담한 사건이지만, 궁극적으로 우리를 정의하는 것은 우리에게 어떤 일이 일어나는가가 아니라, 우리가 어떻게 대응하는가이다. … 그리고 그러한 재앙을 뿌리 뽑을 가장 효과적인 방법을 증명해 보인 사람은 누구인가? 그 주인공은 세계에서 가장 부유한 자선재단을 공동으로 설립한 빌 게이츠와 멜린다 게이츠 그리고 부채 탕감에 섹시한 매력을 부여한 아일랜드 록 가수 보노다."

내가 하는 일은 그다지 섹시할 건 없지만, 우리 버포드재단은 최근 재단에서 쓰는 편지지에 '고수익 자선사업'이라는 문구를 새겨 넣었다. 내가 날마다 관여하는 일의 성과를 돈을 기부하는 과정으로 정의하지 않고, 리더십 네트워크 사람들과 내가 인생을 걸고 변화시키려는 사람들로 '성과'를 정의한다는 뜻이다. 나는 사업 경험을, 즉 내가 배운 것과 내가 벌어들인 것을 피터 드러커가 분명하게 정의해준 사명에 투자하려 한다. 1991년에 그가 내게 말했다. "자네가 할 일은 미국 기독교의 잠재 에너지를 활성 에너지로 탈바꿈하는 일이야." 만날 때마다 피터가 빼놓지 않고 하던 이야기가 또 있다. "좋은 의도를 넘어 성과와 실적으로." 피터는 비영리 단체와 대규모 재단 대부분이 그리고 정부 지출 중 상당 부분이 '좋은 의도'에 투자된다고 했다. 한번은 특유의 무뚝뚝한 말투로 내게 말했다. "자네 부자친구들한테, 돈은 성과가 없다고 말해주게. 돈이 변화를 이끌어낸다면, 이집트는 일본이 됐을 거야."

돈을 부정적으로 언급한 말이 아니다. 다만 돈만 갖고는 성과를 얻을 수 없다는 뜻이다. 돈은 성과를 방해할 수도 있다.

나는 〈타임〉이 선정한 '자선사업의 슈퍼 영웅들'을 보며, 그동안 내게 자선사업의 큰 동기가 되어준 사람들에게서 얻은 교훈을 생각했다. 우리처럼 평범한 사람들은 부와 명성으로 따지면 그들을 흉내낼 수 없지만, 그렇다고 해서 시도할 자격조차 없는 것은 아니다. 내가 얻은 교훈을 참고해, 세상을 더 나은 곳으로 만들려는 당신의 노력을 극대화해보라.

1. **타고난 재능을 알아보고, 인정하고, 발휘하라.** 조각가 제임스 설스가 칠판에 써준 좌우명이다. 제임스는 예술품을 만드는 뛰어난 능력을 지녔다. 그리고 전도유망한 많은 젊은 예술가들에게 힘이 되는 사람이다. 그와 함께 콜로라도 스노우매스 근처에 있는 예술인 마을 주변을 걸은 적이 있는데, 그때 그는 '피리 부는 사나이'였다. 보노도 마찬가지다. 그는 자신의 영향력을 이용해 G8 회원국을 설득하여 빈곤 국가의 부채를 400억 달러 가량 탕감토록 했다. 릭 워렌이 하는 일도 비슷하다. 그가 가장 최근에 내게 보낸 이메일의 발신지는 르완다였다. 그는 가난과 전쟁에 시달리는 아프리카 국가를 지원하도록 대기업 거물들을 설득하려고, 다보스에서 열리는 세계경제포럼으로 가는 길이었다.

2. **직접 참여하라.** 〈타임〉은 빌 게이츠와 멜린다 게이츠가 일주일에 15시간을 자선활동에 쓴다고 했다. 빌의 아버지는 게이츠 재단을 주도적으로 운영하면서 그곳에 온종일 매달리다시피 한다. 온가족이 실무 직원인 셈이다. 그들은 함께 여행하면서 상황을 파악한다. 그리고 함께 구상한다. 빌 게이츠가 마이크로소프트를 구상했을 때

도 그랬다. 멀리서 미적지근하게 참여하지 않고 가까이서 직접 참여했다.

3. 성과에 집중하라. 기부하는 과정만 따지지 마라. 기부 목적은 만족감을 얻거나 돈을 나눠 주어 자신의 죄를 경감하는 것이 아니다. 게이츠 부부는 그들의 안목과 열정, 사업 능력을 이용해 문제를 해결하고 대단히 구체적인 성과를 얻고자 노력한다. 내가 관찰한 결과, 책상 맞은편에 앉은 사람이 돈을 요구할 때 재력이 남아도는 사람이 던지는 질문은 둘 중 하나다. 이 사람에게 최소한 얼마를 주면 아침까지 내 기분이 편안할까? 아니면, 우리가 추구하는 결과를 내려면 얼마를 주어야 할까?

게이츠 부부와 보노는 성과에 초점을 맞춘다. 〈타임〉 기사에 따르면, 게이츠 부부는 도서관에 컴퓨터를 놓자는 제안을 곰곰이 생각하다가 "다른 것도 다 해버리면 어떨까?"라고 물었다. 보노는 선진국 지도자들에게 제3세계의 부채 부담을 단순히 줄여달라고 하지 않았다. 그는 이들 나라에 과거를 깨끗이 털고 새롭게 출발할 기회를 주고자 했다.

4. 지금 하라. 오래된 표현 중에 최근 들어 내가 여러 차례 들은 말이 있다. "살아생전에 주고 싶다. 그래야 어디에 쓰이는지 알 수 있으니까." 내 방식이 그렇고, 게이츠 부부도 그걸 원하는 모양이다. 지금 당장, 당신이 직접 주어라. 그 책임을 다음 세대로 떠넘기지 마라. 짐 콜린스는 "사회분야에서 좋은 활동을 넘어 위대한 활동으로"Good to Great and the Social Sectors라는 뛰어난 논문에서 '고슴도치

개념'을 설명한다. "장기적으로 최고의 성과를 얻을 방법을 분명하게 터득한 뒤, 고슴도치 실험에서 기준에 못 미치는 기회에는 '사양합니다'라고 말하는 것."[4] 그는 고슴도치 실험을 세 개의 원이 교차하는 도표로 나타낸다. 어떤 기회가 이 원에 맞지 않으면, 그 기회는 기준에 미달하는 것으로 보고 버려야 한다.

열정은 남에게 빌려올 수도 없고, '영구' 재단을 설립하여 앞으로 몇 년 뒤에 내 열정을 물려주겠노라고 서명할 수도 없는 일이다. 열정은 개인적이다. 열정은 현재를 위한 것이다. 열정은 마음을 쏟도록 자극하는 일에 쓰지 않으면 사라져버린다. 내가 회사를 팔고 세운 재단은 앞으로 7년 동안 내 열정을 재정적으로 지원하는 데 쓰일 것이다. 피터 드러커는 경영이라는 매체를 이용해 우리 문명을 보존하는 일에 열정적으로 매달렸다. 그는 내게, 드러커재단에서 자신의 생각을 비영리 분야로 확대하다 보니 수명이 10년은 늘었다고 말했다. 그에게 삶의 원동력은 열정이었다.

5. **병행경력을 고려하라.** '지금 하라'와 비슷한 이야기다. 내가 만난 사람 중에 후반부를 의미 있게 살려는 사람들 대부분이 부분적으로나마 일찌감치 의미 있는 일을 시작한다. 보노는 밴드와 공연 일정을 책임지는 와중에도 어디를 가든 자신의 명성과 카리스마를 이용해 대통령들을 설득하여 그가 깊이 관여하는 빈곤층 지원을 이끌어 낸다. 릭 워렌은 지금도 새들백교회를 섬긴다. 모두 '본업'을 계속하면서 사회사업에 의욕적으로 참여한다. 그렇다면 우리라고 못할 게 없지 않은가.

안다, 나도 잘 안다. 당신은 록 스타가 아니다. 베스트셀러 작가도 아니다. 예술가도 아니다. 하지만 당신도 나도 세상을 바꾸는 그들에게서 많은 것을 배울 수 있다. 우리가 마주하는 여러 상황에 적용할 많은 것들을. 그들에게 배운 것을 가만히 생각해보라. 그리고 당장 실천하라!

생각하기

1. "돈은 성과가 없다"는 피터 드러커의 말이 무슨 뜻이라고 생각하는가?
   그 말에 동의하는가? 그 이유는 무엇인가?

2. 부자가 선심 쓰기가 더 쉽다고 생각하는가? 그 이유는 무엇인가? 당신
   은 수입이 늘어난 지난 몇 년간 수입의 몇 퍼센트를 기부했는가?

3. 당신은 어떤 일에 열정을 느끼는가? 그 열정이 기부에 어떤 영향을 미치
   는가? 기부의 성과를 얼마나 유심히 점검하는가?

4. 당신이 지지하는 명분에 개인적으로 어떻게 관여하는가?

5. 그 명분을 위해 해야 하는 일 중에 당신이 잘하는 일은 무엇인가?

같이 걷기

사람아 주께서 선한 것이 무엇임을 네게 보이셨나니 여호와께서 네게 구하시는 것은 오직 정의를 행하며 인자를 사랑하며 겸손하게 네 하나님과 함께 행하는 것이 아니냐.

_미가 6장 8절

살아생전에 직접 밧줄을 자르지 않는다면, 나중에 유령이 대신 해줄 성싶은가?

_카비르(14세기 인도 시인)

벌 수 있는 한 벌고, 절약할 수 있는 한 절약하고, 베풀 수 있는 한 베풀어라.

_존 웨슬리

생활은 우리가 얻는 것으로 꾸려가고 삶은 우리가 주는 것으로 꾸려간다.

_윈스턴 처칠

Chapter 12

아름답게
나이 먹기

나는 여름마다 애스펀의 산골 마을에서 공부할 계획을 세운다. 그 상쾌한 곳에 들어 앉아 시간을 보내던 중에 한번은 나이 드는 문제를 생각했다. 우리 시대의 커다란 화두가 아닌가.

나는 이 주제와 관련해 퓰리처상 수상자인 필립 로스의 《에브리맨》문학동네 역간을 읽었다. 광고회사 임원으로 성공했지만 결혼과 이혼을 반복하다가 늙어 간 일흔한 살 노인의 이야기다. 나는 이 이야기에서 나이를 잘 먹는다는 것의 반대 사례를 보았다. 이 책에서 우리는 작가의 시선으로, 종교와는 거리가 먼 어느 유대인이 삶과 인간관계를 경험하면서 드러나는 의식으로 세상을 바라본다. 우리는 '그의' 감정을 체험한다. 우리는 '그의' 세계관에 산다. 우리는 '그의' 인간관계와 '그의' 성과로 들어간다. 우리는 그와 함께, 타인에 대한 '그의' 반응과 '그의' 다음 행동을 예측한다.

책을 읽는 동안, 그가 시련에 대처하는 방식과 나라면 그 상황에서 어떻게 했을지를 비교하면서, 나에 대해 많은 것을 알게 됐다. 《에브리맨》은 내가 주변 환경에 어떻게 반응하는지를 좀 더 분명히 알게 해준 책이다. 예를 들어 나는 결혼과 노년 그리고 '명리와 욕정과 사악함'의 유혹을 기도서의 언어로 이해했다. 일상에서 일어나는 일을 어떻게 다룰지, 하나님과 어떻게 교류할지, 후반부에서 의미를 추구할 기회를 어떻게 알아볼지, 죽음과 그 이후에 일어날 필연적 일들을 어떻게 마주할지…. 이런 비교를 하다 보니, 나이가 들면서 꼭 지키며 살고 싶은 것들을 일목요연하게 정리한 일종의 '노후 실천 목록'을 만들게 되었다. 내 바람을 충족하지 못하는 때가 생각보다 많지만, 이런 목록을 만들면 적어도 내가 달성하려고 애쓰는 것이 무엇인지 기억하며 살 수 있다. 장담하건대 그것은 투쟁이다.

나는 흑과 백을 비교하고, 어둠과 빛을, 침묵과 소리를, 격렬한 투쟁, 도피 감정과 고요한 고독을 비교하면서, 상반된 것들에 대해 배운다. 백은 흑 옆에 있을 때 더 희고 밝게 보이는 법이다.

필립 로스의 책을 읽을 때도 삶을 이해하는 《에브리맨》의 방식과 그에 대한 내 대처법을 비교했다. 그 결과를 보고, 어느 정도나 공감이 가는지 살펴보라.

	에브리맨의 방식	나의 대처법
1. 인간 관계	이기적인 인간관계. 시간이 지나면서 메말라버린다.	한스 셀리에*의 이타적 이기주의. 만나는 사람들에게 "무엇을 도와드릴까요?"라고 묻는다. '타자화'가 습관이 되도록 훈련한다. 이웃의 사랑을 받도록 노력한다. ●오스트리아 태생의 캐나다 생리학자
2. 신관	냉소적 무신론자. 죽음은 무無의 심연으로 떨어지는 것으로 그에게는 모든 종교가 모욕이다. "오직 우리 몸뚱이밖에 없었다." 그가 자서전을 쓴다면 제목은 '한 남자, 육체의 삶과 죽음'이 적당하리라.	자기초월. 평생토록 하늘나라에 보물을 쌓아둔다. 단테처럼 영생을 미래에 대한 희망으로, 풍족한 삶의 으뜸으로 상상해본다.
3. 협동심	지원 프로그램, 책임감, 팀의 역동성을 외면한다.	오래 지속되는 관계, 타인에 헌신, 타인의 '감정 계좌'에 관계 자산 쌓기. 투자가 없으면 수익도 없다.
4. 관심사	건강 문제로 자아와 육체에 지나치게 집중한다. 건강이 유일한 관심사는 아니더라도 주된 관심사다.	다른 사람을 도우면서 그들의 문제를 해결한다.
5. 사명	목적 상실. "이제는 무얼 하지?"라는 질문에 대답하지 못한다.	타인에게 봉사함으로써 하나님을 찬미하고 섬기기, 그리고 가시적인 벤치마킹 대상 확보를 사명으로 삼는다. 팀, 코치, 소모임 등을 조직한다. 어려운 프로젝트에 활발히 참여한다.
6. 생산성	생산성 상실.	운명과 소명을 접목한다. 자기초월 타인에게 중요한 일을 한다.
7. 건강	죽음으로 모는 질병.	예방의학, 식이요법과 훈련, 운동, 조기진단. 매년 종합검진으로 문제를 조기에 발견해 치료하기.
8. 죽음	평생 죽음에 집착.	죽을 날을 알 수 없다는 사실을 받아들인다. 죽음은 대개 기습적이다. 앞서 간 수많은 사람과 함께 보낼 사후의 삶을 기대한다. 다음 삶에서는 현재의 삶 초월하기.

	에브리맨의 방식	나의 대처법
9. **은퇴**	별 생각 없이 소일하는 나이든 퇴직자들과 은퇴 이후의 삶을 계획 없이 보낸다. 65세에 실버타운에 들어간다. "그는 자기가 하는 일에 흥미를 소진했다."	은퇴란 없다! 자리 이동만 있을 뿐. 현재의 능력과 상황에 맞는 새로운 일상과 취미 만들기.
10. **가족**	죽음으로 가족을 잃거나, 과거의 상처 때문에, 또는 단지 가치관이 다르다는 이유로 가족에게 버림받는다. 세 번의 이혼 뒤 65세에 은퇴한다. 자식들은 그를 질색한다. 아내가 말한다."당신은 내게 절대 용서받을 수 없어. 절대!"	당신이 존경하는 인생 조언자를 '부모'로 삼는다. 내게는 피터 드러커였다. 그와 친구가 된다. 그의 힘과 통찰력을 당신 삶에 흡수한다. 다른 사람들, 특히 20, 30년 젊은 사람들에게 자식 또래이면서 남의 이야기를 잘 받아들이고 가치관이 같은 사람을 '양자'삼으라고 권한다.
11. **일**	단지 시간을 때울 목적인 하찮은 취미(이 소설에서는 그림)에서 의미를 끄집어내려 안간힘을 쓴다. 은퇴 후에 할 일을 두고 검증되지 않은 환상을 품는다. 자식들은 그를 "행복한 신기료장수"라 부른다.	신뢰할 조언자, 돌보미, 교사 등 당신에게 적합한 구체적인 분야를 찾는다. 활동을 늘리든가, 당신에게 맞는 분야에 집중해서 사람들에게 꼭 필요한 사람이 된다.
12. **자기** **절제**	"그를 눈멀게 하고 인도하는 결코 소진되지 않는 욕망인" 성적 유혹은 거짓과 부정으로 이어져 신뢰를 깨뜨린다. 이혼과 자식들의 냉대. "그 일을 저지른 이유라면 최악의 이유, 그러니까 제가 그것을 할 수 있었기 때문입니다." - 빌 클린턴 삶을 통제하는 능력 상실.'매치 포인트'를 생각하라.	적절한 경계. 미끄러운 경사에서 시작하지 않는다. 영화 <위험한 정사>, <메두사>를 생각한다. 그것이 가치 있는 일인지 묻는다. 이미 가진 것에 감사한다. 한계와 경계를 억지로 뛰어넘지 않는다.
13. **감정**	형의 건강, 재산, 목적의식, 가족을 시기한다. "칠십 대에도 여전히 정정하고 일할 의욕이 넘쳤다." "질투를 하다 보니 평온함뿐 아니라 현실감마저 잃었다는 것을 그는 노인이 되어서야 깨달았다."	당신만의 힘과 강점을, 당신만의 목적과 운명을 토대 삼는다.
14. **지향**	추억의 세계에서 회상에 잠겨 산다. 현재도 없고, 상상 가능한 미래의 희망도 없기 때문이다. 몸이 쇠약해져 꼼짝 못하는 그는 "풍족하기 그지없던 과거를 애타게 회상"했다.	새로운 계절에 어울리는 새로운 목적과 새로운 일. 테니슨 시인의 「율리시스」를 생각한다. 노년에도 활발히 활동한 피터 드러커, 프랜시스 허셀바인, 파블로 카잘스, 브렌던 길, 브룩 애스터를 생각한다.

	에브리맨의 방식	나의 대처법
15. 기여	자신감 상실과 고독. 타인에게 손을 뻗기가 망설여지고, 사람들과의 만남이 만족스럽지 못하다. "한때 모든 일의 중심에 서 있었지만 지금은 어느 것에도 중심에 서지 못하는 사람이 느끼는 극도의 실망감…. 상실감에 표류하던 중에 공포가 스며들기 시작했다."	사소하더라도 다른 사람에게 중요한 일을 한다. 다른 사람에게 도움이 되는 일에 꾸준히 참여한다.
16. 초점	정체, 공허, 고립, 정처 없음, 뿌리 뽑힘. "회사에서 여러 해 동안 창조적인 일을 하며 살았고 그런 삶에 이제 막 뿌리를 내릴 나이에 그만 자리를 잃고 말았다. 그것은 정체, 황폐, 이질감이었다."	긍정적인 것에 초점을 맞춘다. '일일 기록장'을 꾸준히 작성한다. 매주 타인의 삶에 긍정적으로 기여한 일의 목록을 작성한다. 당신이 받은 축복에 감사하고 그것을 배가한다.
17. 자세	모든 흥미 상실. "그는 낸시에게 돌이킬 수 없는 미학적 정관수술을 받았다고 설명했다." "이제 무엇으로도 그의 호기심을 자극하지 못했다."	창조적 자세를 유지하고 늘 창조적인 일을 한다. 앙리 마티스를 생각한다. 파블로 피카소, 베토벤을 생각한다. 새로운 학습 과제를 설정한다.
18. 잘못에 대한 반응	'만약…했더라면' 병에 걸려 온통 후회뿐인 삶을 산다.	처음부터 옳은 일을 한다. 잘못했을 때는 용서를 구한다. 하나님에게, 그리고 당신이 상처를 준 상대에게. '행동 치료 12단계 프로그램'AA 12 Steps을 참고한다.
19. 나이듦	건강이 안 좋아진 또래의 지인, 가족, 동료들의 이야기가 여기저기서 들려온다. 그는 아내를 가리켜 말한다. "애초부터 오래 못 갈 것 같던 미모는 완전히 망가졌다. … 몸은 쪼그라들고 벌써 부패하기 시작했다."	젊은이들과 함께하는 일에 꾸준히 참여한다. 그들에게 봉사한다. 유용한 사람이 되려고 노력한다. 로스의 소설에서 주인공과 반대되는 인물인 광고회사 사장 클래런스 스파라코는 84세로 생을 마감할 때까지 그렇게 살았다.
20. 남은 삶	"자기 책망, 부족함, 밀려오는 후회, 목적 없는 나날들, 반복되는 막연한 기다림. 그는 다가올 무력함을 예감하며 줄곧 혼자서 삶을 감당해야 할 것이다."	비교 사례: 피터 드러커는 구십 대까지도 글쓰기와 남을 돕는 일을 멈추지 않았다. 그가 <월스트리트 저널>에 마지막 원고를 쓴 때가 94세였다. 세상을 떠나기 3주 전에 60년을 함께 산 아내에게 "이제는 글을 못 쓸 것 같아"라고 말했다. 혼수상태에 빠졌을 때는 주기도문을 독일어로 반복해 외웠다. 그리고 세상을 떠났다.

	에브리맨의 방식	나의 대처법
21. 임종	주인공 '보통 사람'은 71세에 수술을 받다가 믿음도, 친구도 없이 죽었다. "그는 랍비의 말에 고개를 끄덕였지만, 자신을 신앙인으로도 생각하지 않았는데, 하물며 제일祭日을 지키는 사람으로 여길 리가 없었다."	비교 사례: 1980년에 노벨상을 수상한 시인 체스와프 미워시는 말년에 고향 폴란드로 돌아갔다. 그리고 2004년 크라쿠프에서 사망했다. 「때늦은 성숙」 '같이 걷기' 참조(p.100)은 말년에 쓴 시다.

나는 부자연스러운 줄거리와 행복한 결말로 삶을 애써 포장하지 않는 필립 로스 같은 소설가에게 감사한다. 온갖 '해답'이 다 들어 있는 책보다 이런 책을 읽을 때 나를 더 많이 알게 된다. 전반부에서는 해답이 중요했다. 하지만 후반부는 정직한 질문을 던지고 기꺼이 그 답을 찾는 시기다. 누구도 영원히 살 수는 없다. 적어도 이 세상에서는. 그러니 나이 든다는 것은 결코 두려워하거나 외면할 일이 아니다.

잘 살고, 우아하게 나이 들자.

생각하기

1. 20대 때 현재의 모습을 어떻게 상상했는가? 지금은 당신의 나이를 어떻게 생각하는가? 무엇이 바뀌었는가?

2. 나이 드는 것에 대한 우리 사회의 대처법은 대개 외적인 것에 초점을 둔다. 염색이나 모발 이식, 주름 제거 수술, 우리 몸 '고치기', 피부를 젊게 하고 검버섯을 제거하는 연고나 로션 등이 그렇다. '늘 젊게' 살기 위해 당신이 할 수 있는 내적 노화 대처법은 무엇인가?

3. 나이 드는 것의 어떤 점이 두려운가? 나이가 들면서 어떤 기대를 하게 되는가?

4. 은퇴의 어떤 점이 끌리는가? '절대 은퇴하지 말라'는 내 충고에 어떤 반응을 보이겠는가?

5. 당신이 아는 사람 중에 꽤 나이가 들었지만 나이가 무색하게 젊게 사는 사람을 떠올려보라. 그 사람의 어떤 점이 존경스러운가? 그의 어떤 자질을 닮고 싶은가?

같이 걷기

때늦은 성숙

나이 아흔에 가까워 그제야 비로소,
내 안에 문이 열렸다는 생각에
이른 아침의 투명함으로 들어갔다.
내 과거의 삶은 하나씩 하나씩
마치 배처럼, 슬픔을 안고 떠나고 있었다.
그리고 내 붓 끝에 맡겨진 나라와 도시와 정원과 바다의 만들이
예전보다 더 훌륭하게 그려질 채비를 하고
더 가까이 다가왔다.
나는 함께했던 사람과 슬픔과 연민과도
작별하지 않았다.
내가 누차 이야기했듯이,
우리 모두 왕의 자손임을 잊는다.
우리가 떠나온 곳에는 그렇다와 아니다의 구분이,
이다와 이었다와 일 것이다의 구분이 없는 탓이다.
우리는 비참했고,
우리는 긴 여정에 쓰라고 받은
재능 중에 고작 백 번째 것만을 썼을 뿐이다.
검의 휘두름,
윤기 나는 금속 거울 앞에서의 속눈썹 화장,
치명적인 머스킷탄,

암초에 바닥이 뚫린 카라벨 범선 같은
어제와 수 세기 전의 순간들은
우리 안에 살며 완성을 기다린다.
나는 포도밭 노동자가 되리라는 걸 한순간도 잊지 않았다.
동시대에 사는 모든 남자와 여자가
알게 모르게 모두 포도밭 노동자이듯이.

_ 체스와프 미워시[5]

내가 너를 세웠음은 나의 능력을 네게 보이고 내 이름이 온 천하에 전파
되게 하려 하였음이니라.

_ 출애굽기 9장 16절

하나님이시여, 당신은 당신을 위해 우리를 만드셨고, 우리 마음은 당신
품에서 안식을 찾기 전까지는 평안할 수 없나이다.

_ 성 아우구스티누스

Chapter 13

손에서
내려놓기

　나는 인생의 중대 전환점에 섰을 때, 다음 단계로 넘어가기 위해 내 권한을 어느 정도 포기했다. 회사 주도권을 다른 사람에게 넘길 때 내 권한도 같이 넘기면서 전략적 결단을 내린 것이다. 최근에는 사무실을 옮겼다. 후반부 사명을 실천하려고 설립한 리더십 네트워크 사무실에서 내 사무실을 빼내 다른 곳으로 옮겼다. 상징적인 이사였지만, 상징도 중요한 법이다. 두 조직은 더 이상 한 복도로 연결되지 않는다. 나는 그들을 보러 갈 수 있다. 그들도 나를 보러 올 수 있다. 하지만 이제 정수기 앞에서 서로 마주치는 일은 없다. 나는 지금도 그들과 많은 일을 함께 하지만, 이번 인생의 전환점에서 내 권한을 다시 한 번 어느 정도 포기했다.

　나는 《하프타임 1》에서 찰스 핸디의 S자 곡선으로 이 계절의 변화를 설명했다. 핸디는 《역설을 넘어서 미래를 이해하기》*The Age of Paradox, CM비지니스 역간*에서 이렇게 말한다. "성공의 역설 가운데 하나는 어떤 곳에 발을 들여놓게 된 계기와 방식이 그곳에 눌러앉게 되는 계기와 방식과는 으레 다르다는 점이다."[6]

핸디는 한 가지 해법을 제시하는데, 지속적으로 성장하는 비결은 S자 곡선이 끝나기 전에 새로운 S자 곡선을 시작하는 것이다. 두 번째 곡선을 시작할 적절한 곳은 바로 A지점이다. 이곳은 새로운 곡선을 시작할 자원과 힘 그리고 시간적 여유까지 있는 지점으로, 첫 번째 곡선이 아래로 내려가기 전, 다음 곡선이 이곳에서 탐색과 도약을 시작해야 한다.

S자 곡선
찰스 핸디, 《역설을 넘어서 미래를 이해하기》에서

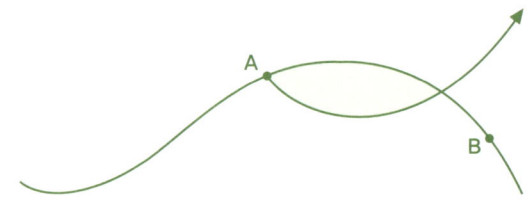

리더십 네트워크 운영위원으로 일하다가 미 연방 교육부 차관보로 간 톰 루스는 나의 가장 큰 도전을 '손에서 내려놓기'라고 말한다. 권한이라는 주제에도 곧바로 적용되는 이야기다. 나는 권한 문제로 씨름하면서 톰의 현명한 조언을 가슴 깊이 새겼다. 인정하지 않을 사람도 있겠지만 우리는 누구나 힘을 갖고 싶어 한다. 다른 사람에게 영향력을 행사하는 힘, 내 전화에 응대하지 못한 상대가 내게 다시 전화를 걸어오게 하는 힘, 중요한 일을 성사시키는 힘을 말이다.

나는 매달 댈러스가 내려다보이는 고층 건물에서 아침식사를 하며 소모임을 갖는다. 지난달에는 유명한 자본 매니저가 권력과 영향력 등을 주제로 토론을 이끌었다. 그는 토론을 시작하며 말했다. "얼마 전에 어떤 젊은 남자를 상담했는데, 가만 보니 그 사람의 최대 목표가 영향력 있는 사람이 되는 것이더군요. 상담을 마칠 때쯤 그 사람한테 말했어요. 영향력은 노력, 기술, 힘, 시간의 부산물이다. 그리고 영향력 있는 사람이 되는 건 당신이 '결정'할 문제가 아니다. 제 말이 맞나요?"

이어서 활발한 토론이 시작됐다. 나는 되도록 빠르게 이야기를 받아 적었다. 내가 들은 내용은 이렇다.

"권력을 쥐려는 사람에게 권력을 주고 싶어 하는 사람은 없다."

_ 어느 상장기업의 최고경영자

"릭 워렌을 보라. 그는 《목적이 이끄는 삶》을 써서 수백만 달러를 벌었다. 하지만 생활방식은 바뀌지 않았다. 그는 20년치 봉급을 교회에 내놓았고, 90퍼센트는 아프리카에서 에이즈 퇴치 운동 같은 사역 활동에 쓴다. 오늘날 미국 기독교 사회에서 가장 힘 있는 인물이 그일 것이다. 그는 힘을 버렸기에 되레 힘을 얻었다."

_ 자선사업가

"테레사 수녀, 마틴 루서 킹, 간디를 보라."

_ 사업가

"밥 스트로스가 내게 그러더라. '행여 권력을 써야 할 일이 생기면, 그 순간 권력을 잃는다'고."

_ 미국의 전설적인 정계인 밥 스트로스의 말을 인용한 어느 변호사

"권력은 버려야 얻는다."

_ 앞의 최고경영자

"훌륭한 관리인만 되어도 벌이가 괜찮았다는 건 정말 다행이라는 생각을 늘 하며 산다."

_ 앞의 자본 매니저

다들 힘과 권력을 역설적이라고 생각하는 듯했다. 잡으려면 달아나고, 이 땅의 사명을 실천하려고 포기하면 따라오는 게 권력이고 힘이다. 내가 《하프타임의 고수들》을 쓰려고 사람들을 인터뷰할 때, 지도력 분야의 권위자인 프랜시스 허셀바인이 그랬다. "우리에게는 소명이 주어졌고, 소명이 주어졌다면 그에 맞는 힘도 함께 주어졌다고 저는 굳게 믿어요. 그리고 더 이상 소명이 주어지지 않는다면 힘도 없을 거예요."

나는 세상을 떠날 때 다른 사람의 삶에 투자하도록 두고 갈 수 있

는 것 외에는 어떤 것도 남기지 않으리라고 결심했다. 내 삶과 내 일의 열매는 다른 사람의 나무에서 맺을 것이다. 쉬운 일은 아니다. 다분히 역설적인 일이지만, 66년간의 인생 경험으로 볼 때 분명히 가능한 일이다.

생각하기

1. 직장과 가정, 교회, 동네에서 당신이 힘이나 영향력을 행사하는 대상이 없는지 생각해보라. 그 영향력을 어떻게 얻었는가? 그리고 어떻게 행사하는가? 당신은 그것을 즐기는가, 아니면 불편해하는가?

2. 살면서 어떤 변화나 전환점을 맞이해 권한을 포기한 적이 있는가? 그때 어떤 기분이 들었는가? 힘들었는가? 여전히 그 권한에 미련이 남는가?

3. 성공한 사람들 대부분이 마주하는 유혹 세 가지는 돈과 명성, 권력이다. 당신은 이 가운데 어떤 유혹에 가장 약한가? 왜 그런가? 그 유혹에 넘어가지 않으려고 어떤 노력을 하는가?

4. 성공에서 의미로 옮겨 가려 할 때, 현재 당신이 갖고 있는 권한을 내놓으면 무엇을 얻을 수 있겠는가?

같이 걷기

그때에 예수께서 성령에게 이끌리어 마귀에게 시험을 받으러 광야로 가사 사십 일을 밤낮으로 금식하신 후에 주리신지라 … 마귀가 또 그를 데리고 지극히 높은 산으로 가서 천하 만국과 그 영광을 보여 이르되 만일 내게 엎드려 경배하면 이 모든 것을 네게 주리라 이에 예수께서 말씀하시되 사탄아 물러가라 기록되었으되 주 너의 하나님께 경배하고 다만 그를 섬기라 하였느니라 이에 마귀는 예수를 떠나고 천사들이 나아와서 수종드니라.

_ 마태복음 4장 1-2절, 8-11절

제발, 바닥에 앉아서 죽은 선왕들의 슬픈 얘기 좀 해봅시다.
왜 어떤 분은 폐위되고, 어떤 분은 전쟁에서 살해되고, 어떤 분은 직접 쫓아낸 자들의 망령에 시달리고, 어떤 분은 왕비에게 독살되고, 어떤 분은 잠자리에서 살해되었는지.
모두 살해되셨소.
왕의 죽음의 관자놀이를 둘러싼 텅 빈 왕관 안에서 '죽음'이 왕궁을 지키고 앉아, 그곳에 그 광대 놈이 앉아, 나라를 조롱하고 왕의 위엄을 비웃으며, 왕에게 한 차례 숨과 짧은 연극을 허락해, 통치자로서 사람들을 겁주고 안색으로 살인을 저지르게 하면서, 왕에게 이기적이고 헛된 자만심을 불어넣어 마치 우리 목숨을 둘러싼 육체가 난공불락의 철벽인양 착각하게 해놓고는 마지막 순간에 작은 바늘로 그 성벽을 뚫어 "왕이여, 잘 가시게" 하는구려.

_ 셰익스피어, 《리처드 2세》

Chapter 14

자신을
소비하기

영화평이라고는 한 번도 써 본 적이 없는 내가 지금 영화평을 하나 써보려 한다. 내가 새로 좋아하게 된 이 하프타임 영화를 안 본 사람은 꼭 한번 보기 바란다. 영화의 이야기는 지금과는 다른 시대, 다른 장소에서 전개되지만, 성공에서 의미로 옮겨 가는 여정에 오른 사람에게는 더없이 훌륭한 이야기다. 자신이 선택한 길에서 일탈하지 않도록 격려가 필요한 사람이라면, 이 영화에서 아낌없는 격려를 기대해도 좋다.

영화 〈어메이징 그레이스〉는 하프타임을 가장 멋지게 살았던, 노예제 반대운동의 선구자 윌리엄 윌버포스의 실화를 토대로 한 영화다. 주연을 맡은 이안 그루퍼드는 18세기 밀실 정치계를 누비며 대영제국의 노예무역을 종식시킨 영국 의원 윌버포스를 훌륭히 연기했다. 알버트 피니가 연기한 존 뉴턴은 노예선 선장이자 윌버포스의 절친한 친구인데, 윌버포스에게 자극을 받아 인류에 봉사하는 삶을 살게 된다. (뉴턴은 영화 제목이기도 한 찬송가 '어메이징 그레이스'의 가사를 썼다.) 베네딕트 컴버배치가 연기한 윌리엄 피트는 스물네 살에 영국의 최연소 수상이 되었다. 피트는 윌버포스를 격려해 노예제 폐지를 위해 싸우게 하고, 의회에서 그의 투쟁을 지지한다. 신앙심 깊은 윌버포스가 성직자의 길을 고민할 때, 피트는 "주를 찬양하겠는가, 세상을 바꾸겠는가?"라고 묻는다.

20년 동안 윌버포스는 영국 제도권에서 권력자들에게 비인간적인 노예무역을 끝내라고 설득한다. 그들에게는 엄청난 비용 손실이 따르는 일이었다. 당시 플랜테이션 소유주에게 노예 노동력을 이용하지 말라고 하는 것은, 오늘로 치면 다국적 기업에게 석유 없이 사업을 하라고 말하는 것과 마찬가지였다.

1807년, 윌버포스가 지켜보는 가운데 의회에서 그의 법안이 큰 표 차로 통과되어 마침내 영국에서 노예무역이 폐지된다. 그리고 26년이 지나 그가 죽기 꼭 사흘 전에, 영국의 모든 식민지에서도 노예제가 폐지된다. 이처럼 의미 있는 일이 또 있을까? 그리고 영국의 노예제 폐지는 노예제를 둘러싼 마찰에 중대한 영향을 미쳤고, 결국 미국의 남북전쟁으로까지 이어졌다.

작가이자 노예제 폐지론자였던 해리엇 비처 스토는 《톰 아저씨의 오두막집》에서 윌버포스를 칭송했다. 소설가 E. M. 포스터는 그를 간디에 비유했다. 에이브러햄 링컨은 유명한 연설에서 윌버포스에

대한 기억을 떠올렸다. 넬슨 만델라는 남아프리카공화국 의회에서 아프리카의 아들딸을 위한 윌버포스의 끊임없는 노력을 회상하며, 영국을 "노예 해방을 과감히 주장한 윌리엄 윌버포스의 땅"이라 불렀다. 이런 윌버포스가 오늘날 미국에서는 거의 알려지지 않았다.

나는 흥행에도 크게 성공하지 못한 이 영화를 왜 추천할까? 그이유는 누구나 자기가 하는 일의 의미에 회의를 품는 때가 있기 때문이다. 〈어메이징 그레이스〉 같은 영웅 영화는 사기를 북돋는다. 우리는 영웅의 역할을 은밀히 탐내고, 온갖 희생을 치르며 정의를 위해 싸우는 자신의 모습을 상상한다. 시류를 뿌리치고 더 숭고한 소명에 눈을 돌리겠다는 당신의 결심은 숱한 방해를 뿌리치고 노예제 폐지를 위해 힘쓴 윌버포스의 노력 못지않게 중요하다. 내가 교회의 잠재 에너지를 깨운다는 사명에 성공한다면, 세상은 달라질수 있다. 그리고 당신도 사명에 매진한다면, 비슷한 만족을 느끼리라고 나는 확신한다. 윌버포스는 죽기 사흘 전에야 만족했다. 그렇다, 우리도 그렇게 오래 기다려야 할지도 모른다. 하지만 기다릴 가치가 있지 않은가.

이 영화를 추천하는 또 다른 이유는 내 결심 때문이다. 우리 시대의 어둠에 '대항해' 소리치며 기력을 소모하기보다 더 나은 삶을 위해 애쓰는 사람들과 그들의 활동을 '지지하며' 살기로 한 결심이다. 당신도 아래의 세 지침을 고려해 당신만의 사명을 발견하고 다듬어보라.

1. 건강과 강점을 토대 삼아라.
2. 오직 당신이 하려는 일에 수긍하는 사람과 함께, 앞으로 태동할 일을 하라.
3. 몇 곱절의 효과(이를테면 '백 배 수확')를 낼 일을 하라.

나는 '어메이징 아이러니', 그러니까 뜻밖의 놀라운 일과 곧잘 마주친다. 가령 〈어메이징 그레이스〉에 잠재된 모험 자본과 미래의 영향력을 볼 수 있는 내 친구 필 앤슈츠도 그런 경우다. 필은 구원을 주제로 한 품격 높은 영화 (〈레이〉, 〈나니아 연대기: 사자, 마녀 그리고 옷장〉 등) 만들기를 병행경력으로 택한 친구다. 나는 하프타임으로 뛰어들던 시기에 미처 필을 생각하지 못했다. 하지만 내면에서 들리는 소명에 귀를 기울이다 보면 무슨 일이 일어날지 알 수 없는 일이다. 나는 필의 용기와 헌신, 반문화적 본능을 높이 평가한다. 필은 항상 겸손하고, 나서지 않고, 언론을 피하는 터라, 나는 그에게 이 책에 그의 이름을 써도 괜찮겠느냐고 물었다. 그가 대답했다. "밥, 제 이름을 쓰는 거야 상관없지만 과장하지는 마세요! 저야 의미 있는 일 (백 배 수확' 따위)을 하는 선생님의 교훈을 따르는 평범한 사람일 뿐이니까요."

하프타임 사명을 실천하다 보면, 목표를 너무 높게 잡지는 않았는지 의문이 생길 때가 있다. 그럴 때 봐야 할 영화가 〈어메이징 그레이스〉다.

생각하기

1. 당신이 이제까지 한 일 중에 작더라도 영웅적인 행동이 있다면 무엇이었나?

2. 윌버포스는 거대한 장벽에 마주쳐도 절대 포기하지 않았다. 당신 앞을 가로막는 것은 무엇이며, 계속 전진하도록 동기를 부여하는 것은 무엇인가?

3. 당신의 자원을 투자할 대상을 고르는 기준을 두세 가지 이야기해보라.

4. 당신이 '대항할' 사람이 아니라 '지지할' 사람은 누구인가?

5. 당신의 후반부 사명을 완수한다면, 이득을 볼 사람은 누구이며, 왜 그러한가?

같이 걷기

어떤 장애물과 실망, 불가능에도 굴복하지 않는 영속성과 인내, 고집, 이
것들이야말로 약자와 구별되는 강자의 특징이다.

_ 프랜시스 드레이크 경

일은 인류를 괴롭힌 온갖 질병과 불행을 치유하는 종합 치료제다.

_ 토머스 칼라일

인생은 인생을 낳는다.
활력은 활력을 생산한다.
부자가 되는 길은
자신을 소비하는 것이다.

_ 사라 베르나르

행함이 없는 믿음이 헛것인 줄을 알고자 하느냐 … 너희는 말씀을 행하는
자가 되고 듣기만 하여 자신을 속이는 자가 되지 말라.

_ 야고보서 2장 20절, 1장 22절

겁나는 일을 하루에 하나씩 하라.

_ 엘리너 루스벨트

Chapter 15

돈을 주고
의미를 사라

받는 것보다 주는 것이 더 큰 축복이라고 믿는가? '정말로' 그렇게 믿는가? 나는 그렇다. 나는 이 믿음을 중심으로 삶을 발전시키려 했고, 내 경험은 그 생각이 옳음을 증명한다. 주는 것은 받는 것보다 말할 수 없이 더 좋다.

그렇다면 나나 다른 사람이나 주는 것이 왜 그토록 힘들까?

2006년에 '빌 앤드 멜린다 게이츠 재단'Bill and Melinda Gates Foundation에 420억 달러를 기부해,[7] 재산을 불리는 데만 명수가 아니라 쓰는 데도 전문가가 된 워렌 버핏은 기부 사실을 발표하면서 돈을 버는 것이 제대로 쓰는 것보다 훨씬 쉽다고 말했다.

〈포브스〉Forbes는 해마다 봄이 되면 세계 최고의 부자 목록을 발표한다. 이 가운데 억만장자는 미국에만 891명이다.[8]

2005년은 억만장자에게 즐거운 해였다. 그들 중 3분의 2가 전년도보다 더 부자가 되었다. 기부 내역을 '빼고도', 가족에게 양도한 재산을 '빼고도' 그러했다. 미국 억만장자의 평균 연령은 62세이며, 60퍼센트가 맨손으로 시작한 사람들이다. 이들의 재산은 날로 커져만 간다.

사람들은 흔히, 그렇게 많이 가진 부자라면 재산 대비 기부 비율도 상대적으로 높겠거니 생각한다. 이에 대한 연구 결과는 다양하지만, 연간 소득 대비 기부 비율이 부자라고 해서 더 높지도 않다. 그리고 순자산 대비 비율은 오히려 더 낮았다.

나는 그 이유를 놓고 여러 해 동안 고민했다. 20년 전쯤 버뮤다에서 열린 회의에 참석한 적이 있다. 초대받은 부유층 그리스도인만 참석하는 회의였다. 햇빛이 부서지는 고급 호텔 테라스에서 아침식사를 하던 중에 나는 하버드대학 정신과 박사인 아맨드 니콜라이에게 물었다. 부자들은 언젠가 죽는다는 걸 알면서, 가족들도 평생 풍족하게 살 수 있다는 걸 알면서, 왜 남는 돈을 좀 더 기부하지 않느냐고. 아맨드는 생각이 깊고 신중한 사람이라 나는 '그럴듯한 대답'을 기대했다. 그런데 놀랍게도 그의 대답은 "그저 이기적이라 그럴 겁니다."였다. 그의 말이 옳은지는 잘 모르겠다. 부자들이 좀 더 너그럽지 못한 데는 단순히 이기심이 아닌 무언가가 더 있는 게 분명하다.

내 경험상, 그리고 내가 직접 관찰한 바로는, 부자들의 순자산 대비 기부율이 높지 못한 이유는 위험률과 관련이 있다. 금전상의 위험이라기보다 자아와 관련한 위험이다. 자선사업가가 마주치는 세

하프타임 3

가지 큰 위험은 두려움과 실패, 해악이다.

두려움. 터무니없이 들릴 수도 있겠지만, 내가 아는 사람 중에도 평생 비상사태를 대비할 여윳돈이 충분한데도 상황이 반전될 '만약의 경우'를 대비해 돈을 움켜쥐고 있는 사람들이 있다. 사실 지금보다 몇 배나 많은 돈을 기부해도 위험부담이 전혀 없는 사람들이다. 그들은 돈을 움켜쥐고 사는 탓에 삶이 풍요롭지 못하다. 테레사 수녀는 그런 삶을 "부자들의 가난"이라고 말했다.

실패. 조엘 플라이시먼은 《재단》The Foundation이라는 책에 '위대한 미국의 비밀: 사유재산이 세상을 어떻게 바꾸는가'라는 기막힌 부제를 붙였다. 저자는 개인적 자선활동의 성공 사례를 열거하면서, 유명한 실패 사례 몇 가지를 덧붙였다. 예를 들어, 출판 거물 월터 애넌버그는 미국 공립학교의 질을 높이는 데 5억 달러를 기부했지만, 그 효과는 부정적이었다는 게 일반적 견해다.[9]

돈을 제대로 기부하려면 돈을 벌 때와는 사뭇 다른 기술이 필요하다. 사업을 할 때는 대개 적절한 시기에 적절한 사업을 시작해, 성장을 지켜보면 된다. 어떤 사업가는 그다지 어렵지 않게 돈을 벌지만, 아무리 벌어도 충분치 않다. 기부를 하려면 중력의 힘을 이겨야 한다. 모든 기부는 이기심을 이겨낸 자기 부정의 작은 승리인데, 노력으로 그런 습관을 떨친 경우는 특히 그러하다. 그러나 자기가 기부한 돈이 그다지 유용하게 쓰이지 못한다면 누가 좋아하겠는가. 그러다 보니 기부 액수를 줄인다. 투자가 적으면 실패도 적은 법이니까.

해악. 실패를 두려워하는 마음이 한 가지 위험 요소라면, 득보다

실이 많을지 모른다는 두려움 역시 부자들이 지갑을 닫는 요인이다. 후버연구소의 특별 연구원 빌 대면은 윤리적, 도덕적 헌신을 주제로 다양한 글을 썼다. 그는 2006년에 펴낸 《자선사업 진지하게 바라보기》*Taking Philanthropy Seriously*에서 이렇게 말한다.

미국에서 조직적인 자선사업을 창시한 앤드루 카네기는 한때 이렇게 생각했다. 기부금의 95퍼센트가 "엉뚱한 곳에 쓰이는 탓에, 기부자가 줄이거나 없애려던 악이 되레 양산되는 꼴이 나고 말았다."
남을 도우려고 시작한 기부가 상대의 운명을 개선하지 못했다면 안타까운 일이다. 하물며 자선을 베풀었는데 상황이 더 악화된다면 그보다 더 안타까운 일이 어디 있겠는가. 또, 돈을 기부했다고 해서 상대에게 늘 고맙다는 이야기를 듣는 것도 아니다.
자선기금을 정기적으로 받는 사람들과 이야기를 해보면, 어찌된 일인지 칭찬보다는 불평이 더 많다. 수혜자들은 존중 받지 못한다는 느낌을 받는다. 아무리 노력해도, 기금이 줄거나 지원에 조건이 붙는 식으로 그 노력이 인정받지 못한다는 게 그들의 설명이다. … 지원금이 소중한 일에 쓰일 텐데도, 그 지원금을 받으려면 후프를 통과하는 묘기를 부려야 한다는 사실에 분개하는 것 같다.[10]

세 가지 위험을 부정적 불평이라고 생각할 사람도 있겠지만, 내 경험상 그 위험은 사실이다. 돈을 쥐고 있으면 확실히 더 안심이 된다. 하지만 기부를 안 해도 문제가 있기는 마찬가지다. 기회를 탐색하지 않는다면 금전적 손실만이 아니라 자신의 운명을 따르지 않는 위험이 따른다. 게이츠 부부가 아프리카에서 질병을 치료하기로 마음먹은 이유도 이 위험 부담 때문일 것이다. 실패할지 모르지만, 실패보다 더 큰 위험은 시도도 하지 않는 것이다.

앤드루 카네기는 서른세 살에 (돈뿐만 아니라) 자신을 '빈곤층의 교육과 생활 개선'에 재투자하기로 결심하면서, 일기에 기회 손실에 대해 이렇게 적었다.

> 사람은 우상을 품게 마련인데, 그중에서도 재산 축적은 최악의 우상숭배에 속한다. 돈을 숭배하는 것만큼 사람을 타락하게 하는 것도 없다. 나는 어떤 일을 하든 있는 힘껏 밀어붙이는 성격이라, 신중히 따져서 정신을 고양시키는 삶을 잘 선택해야 한다. 너무 오래 사업에 매달리다 보면 그리고 단시간에 돈을 더 많이 벌어들일 궁리만 하다 보면 회복 불능 상태로 타락할 게 틀림없다.[11]

카네기는 살아생전에 재산의 90퍼센트를 기부하며 멋진 인생을 살았다. 돈을 주고 의미를 산 셈이다.

우리는 앤드루 카네기나 워렌 버핏처럼 살 수는 없다. 하지만 가진 것이 많을수록 내놓기는 더 힘들다는 기본 진리만큼은 다를 게 없다. 재산을 움켜쥐고 있을 때 잃는 것과 돈보다 열정과 소명을 우위에 두었을 때 얻는 것을 비교해본다면 내 말을 이해하기가 훨씬 쉬울 것이다.

생각하기

1. 시간을 내어, 현재의 재정 상태, 순자산, 유동 자산, 부채를 대략 분석해보라. 그리고 재정 안정성이 1에서 10까지의 수치 중에 어디에 해당하는지 따져보라. 지금 하는 일을 당장 그만두어도 남은 인생을 아주 편안하게 살 수 있다면 10점에 해당한다.

2. 해마다 순자산의 대략 몇 퍼센트를 기부하는가? 더 많이 기부하지 못하는 이유는 무엇인가? 앞서 소개한 세 가지 위험인 두려움과 실패, 해악 중에 당신에게 해당하는 위험은 어느 것인가?

3. 당신은 무엇에 자극 받아 기부를 하는가? 하나의 명분이나 소명에 초점을 두는가? 아니면 의무감에서 기부를 하는가? 기부 대상과는 가깝게 지내는가?

4. 가장 최근에 했던 의미 있는 기부를 떠올려보라. 그때 당신은 무엇을 얻었는가? 그리고 무엇을 잃었는가?

5. 기부에도 뜨거운 열정을 쏟을 수 있다면 기부 방식이 어떻게 달라지겠는가?

같이 걷기

돈이 교회에 형체를 부여했다. 교회가 내놓지 않은 돈이 교회를 빚었다. 돈을 좋아하고, 돈을 벌고, 돈을 움켜쥐는 행위는 교회의 영적 운동을 좌초시키는 암초다.

_E. M. 바운즈

'자선'은 대단히 지혜로운 상인이어서, 다른 사람들이 손해를 볼 때도 늘 이윤을 남기고, 다른 사람들이 족쇄를 찰 때도 용케 빠져나간다. 그러다 보니 '사랑'을 기쁘게 할 것들을 아주 많이 갖고 있다.

_마르그리트 포레트
《단순한 영혼의 거울》(The Mirror of Simple Souls)에 쓴 내용이
빌미가 되어 화형을 당한 13세기 여성

4부

인생, 변할 수 있어
더 아름답다

더 집중하고 '더 덜 배우기'를 결심할 수 있겠는가? 결심과 실천은 별개다.
… 나는 '고요하고 낮은 목소리'에 귀를 기울이고
나를 위해 항상 그곳에 계신 하나님과 재접속을 시도할 것이다.
잘 풀리지 않는 사안 두어 개는 포기하고 소명이라 생각되는 영역에서
내 힘과 강점을 집중할 것이다.
나도 안다. 제대로 하려면 일을 줄이라는 말은
언뜻 이상하게 들릴 수 있다는 것을.
… 하지만 이제는 중요한 일에만 집중하고 나머지는 버릴 때다.

Chapter 16

존재로서의
기도

기도의 본질을 드러낸 레프 톨스토이의 짧은 글 하나 소개하겠다.
고인이 된 내 친구 헨리 나우웬이 쓴《영성 수업》에 인용된 글이다.

어느 섬의 세 수도사

어느 외딴 섬에 러시아인 수도사 세 사람이 살았다. 찾는 사람이 없는
섬이었는데, 하루는 주교가 그곳에 가보기로 했다. 섬에 도착해보니,
수도사들은 주기도문도 몰랐다. 주교는 많은 시간과 공을 들여 그들에
게 '우리 아버지'를 가르쳤고, 목회 활동을 뿌듯해하며 그곳을 떠났다.
하지만 배가 섬을 떠나 다시 바다로 들어섰을 때, 주교는 그 수도사들
이 물 위를 걷는 모습을 목격했다. 가만 보니 배를 쫓아오는 게 아닌가!
마침내 배를 따라잡은 그들이 소리쳤다. "주교님, 저희에게 가르쳐주신

기도문을 잊어버렸습니다."

주교는 금방 보고 들은 것에 어안이 벙벙해져 말했다. "형제들이여, 그렇다면 평소에 어떤 식으로 기도하는가?" 그러자 그들이 대답했다. "아, 그냥 이렇게 말합니다. '하나님, 여기 저희 셋이 있고, 당신 셋이 있으니, 저희에게 자비를 베푸소서!'" 주교는 그들의 신성함과 단순함에 깊이 감탄해 말했다. "그대들의 땅으로 돌아가 평화롭게 지내시오."

헨리는 이야기 끝에 이런 말을 덧붙였다. "기도를 '암송'하는 것과 '진심 어린 기도'는 다르다."[12]

사도 바울은 "쉬지 말고 기도하라"고 했다(살전 5:17). 언뜻 보기에, 그것은 성경에 나오는 불가능한 여러 권고 중 하나 같지만, 내 생각에 그 말의 의미는, 진정한 기도는 일상과 별개가 아니라는 뜻이다. 그것은 존재 방식이다. 내게 그것은 아내 린다와 농장에서 주말을 보내는 것과 같다. 우리는 그저 그곳에서 지낸다. 점심과 저녁을 먹으며 이야기를 나누지만, 이야기 내용은 그다지 중요하지 않다. 중요한 것은 우리 두 사람이다. 그리고 사랑하고 신뢰하는 사람과 함께 있으면서 삶을 공유하는 것이다. 기도는 하나님과 함께 있는 상태다. 정해진 식이나 특별한 도움이 반드시 필요치는 않다.

물론 익숙한 기도문을 암송할 때도 있다. 나는 주기도문과 영광송, 기타 예배에서 하는 기도는 낮에는 거의 하지 않지만 밤에는 자주 한다. 자다가 깼을 때는 그날 하루를 미리 그려보는 습관이 있는데, 특히 초조한 날이 그렇다. 이를테면 연설을 해야 하거나, 잘 풀리지는 않는 일에 직면했거나 하는 날이다. 일단 그런 생각이 들면, 다시 잠들기는 힘들다. 그럴 때면 예배의식에서 흔히 하는 기도로 공허감을 메운다. 전날 활력이 넘치고 마음에 드는 사람이라도 만났다면 밤에도 그들이 머릿속에서 떠나지 않는다. 그들은 거기 그대로 남아 있다. 개성이 강한 사람들은 깊은 인상을 남긴다. 나는 그들과 여전히 같이 일하면서, 못다 한 말을 하고 마무리하지 못한 대화를 마저 끝내면서 할 말이나 할 일이 더 없는지 생각한다. 생각의 상자에는 공간이 넉넉하기에, 침묵으로 영광송을 '부르거나' 주기도문을 반복하면서, 나는 하나님의 사랑을 받고 있다고, 그 사랑은 내 안에 하나님 모양의 빈 공간을 메운다고 생각하면서 다시 잠드는 때가 많다.

나는 기도할 때 수 세기 동안 이어진 기본 틀을 곧잘 이용한다. 영어 머리글자를 따면 ACTS가 된다.

찬양 Adoration

고백 Confession

감사 Thanksgiving

간구 Supplication

찬양. 찬양은 하나님의 성품을 명심한다는 뜻이다. 찬송가를 부르거나 다음과 같은 시편을 읽으면 도움이 된다.

여호와여 주께서 나를 살펴보셨으므로 나를 아시나이다 주께서 내가 앉고 일어섬을 아시고 멀리서도 나의 생각을 밝히 아시오며 나의 모든 길과 내가 눕는 것을 살펴보셨으므로 나의 모든 행위를 익히 아시오니 (시 139 :1-3).

고백. 내 고백은 으레 유치하고 타고난 자기 몰두와 관련된다. 나는 용서를 빌고 용서를 받는다.

감사. 요즘에는 기도 시간에 주로 감사를 표시한다. 이때 심리학자 래리 크랩이 쓴 《영적 가면을 벗어라》*Inside Out*, 복있는사람 역간에서 배운 방법을 자주 이용한다. 다음과 같은 표적을 상상해보라.

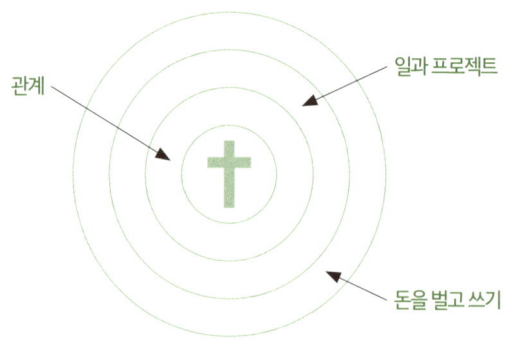

나는 표적의 중심에서 시작해 점점 바깥으로 기도를 해나간다. 우선 예수님께서 내게 해주신 것에, 즉 현재의 삶과 다가올 영생의 삶에 감사를 표시한다. 다음에는 관계를 감사하고, 이어서 과분하게도 다른 사람들과 함께 일했던 프로젝트로 넘어간다. 그리고 마지막으로 내 삶과 일의 기반인 금전적 재산에 감사한다.

간구. 필요한 것을 간구한다. 요즘에는 이 부분이 항상 가장 짧아서, "뜻이 하늘에서 이루어진 것 같이 땅에서도 그리고 제 인생에서도 이루어지이다"라는 말만으로 끝낼 때도 많다. 나는 이 말이 우리가 할 수 있는 기도 가운데 가장 완벽한 기도라는 생각이 든다.

나는 더러 손을 보조 기구 삼아 기도한다. 특히 운전할 때나 (물론 눈은 뜬 채로) 혼자 걷기운동을 할 때 그렇다. 찬양의 의미로 손을 위로 올리고, 고백의 의미로 손바닥을 앞으로 향한 채, 손바닥이 십자가의 예수님 가슴에 놓여 내 죄가 그분께 옮겨 간다고 상상한다. 감사의 의미로는 손바닥을 위로 향하게 하여 받는 자세를 취하고, 간구의 의미로는 손바닥을 아래로 하여 내 근심을 하나님 무릎에 놓는 자세를 취한다.

나는 늘 새로운 기분이 된다. 일이 계획대로, 생각대로 이루어지는 때는 거의 없지만, 어떤 식으로든 결말은 난다는 걸 알기 때문이다. 그 이유가 나 때문일까? 하나님의 개입 때문일까? 내 소망과 다른 수많은 사람의 소망이 상호작용한 결과일까? 그것은 알 수 없는 일이며, 꼭 알아야 할 일도 아니다. 우리는 수수께끼 속에서 산다. 우리는 각자 다른 사람은 볼 수 없는 현실을 응시한다. 많이 아는 척해서는 안 된다.

나는 안다. 하나님은 분명 존재하신다는 것을. 그것도 멀리가 아니라 아주 가까이에. 하나님은 내 일부이며, 오늘날의 나를 만드신 분이다. 나는 결코 혼자가 아니다. 그분은 나를 사랑하신다. 나는 그분을 신뢰한다.

제임스 멀홀랜드는 그의 책 《예수님처럼 기도하라》*Praying Like Jesus,* 엔크리스토 역간에서, 어려서는 주로 부모님을 기쁘게 하려고 기도했다고 고백한다. 식전에는 감사기도를 하고, 밤에는 "이제 잠자리에 들겠습니다"라고 기도하는 식이다. 그는 "우리의 첫 기도는 대개 다른 사람을 기쁘게 하려는 기도다"라고 말한다.[13] 우리는 지금도 더러 다른 사람을 기쁘게 하려고 기도하지만, 기도가 영성의 표시라거나 의무라기보다 자세가 되어야 한다고 인정하는 순간 우리는 깨닫는다. 하나님은 정말로 우리 곁에 계시다는 것을, 그것도 바로 지금. 그리고 앞으로도 영원히.

생각하기

1. 당신과 하나님의 관계를 딱 세 단어로 표현한다면 뭐라고 하겠는가? 개인적이다, 친밀하다, 아득하다, 신뢰하다, 의심하다?

2. 언제 하나님과 가깝다고 느끼는가? 특별한 시간, 특별한 장소에서? 아니면 어느 곳에서나?

3. 하나님이 당신에게 말을 거시는가? 당신이 벨을 울리면 하나님이 응답하시는가? 어떻게? 세상을 통해? 직감을 통해? 상상으로 그냥 알 뿐? 사람을 통해? 주변 환경을 통해?

4. '쉬지 말고 기도하기'가 가능하다고 생각하는가? 어떻게 하면 '읊는 기도'에서 벗어나 진정으로 기도하는 자세를 갖출 수 있겠는가?

5. 하나님은 항상 내 곁에, 나를 위해 존재하신다고 하는데, 기도에 답이 없어서 괴로운가? 때로는 내 기도에 답이 돌아오지 않는다는 사실을 어떻게 받아들이는가?

같이 걷기

예수님과 대화하는 법을 터득하는 것은 훌륭한 기술의 문제이며, 예수님을 늘 곁에 두는 법을 터득하는 것은 훌륭한 지혜의 문제다. 겸손하고 평온하라. 그러면 예수님이 당신 곁에 계실 것이다. 독실하고 고요하라. 그러면 예수님이 당신 곁에 머무르실 것이다.

_토마스 아 켐피스

말하고 가르치는 것은 스승이 할 일이요, 침묵하고 듣는 것은 학생이 할 일이다.

_베네딕투스

아버지는 분만실에, 아니, 아예 그 건물에 없었다. 윌슨병원의 짧은 복도는 닫혀 있었고, 아버지는 밖에 나가 눅눅한 9월 바람을 맞으며 서성였다. 기도를 하면서 블록을 다섯 바퀴째 도는 중에 바람이 더 심해졌다. 아버지가 눈을 떴을 때는 자신도 모르게 달리고 있었다. 문을 향해 잔디를 가로질러 전력 질주했다.
"어떻게 아셨어요?" 나는 이 이야기를 무척 좋아해서, 아버지더러 이야기를 해달라고 늘 졸라댔다.
"하나님이 너한테 문제가 생겼다고 말씀해주시더라."
"큰 소리로요? 하나님 목소리가 들렸어요?"
"아니, 큰 소리는 아니었어. 하지만 루벤, 하나님이 아빠를 뛰어가게 하셨지. 뛰어가다가 그걸 깨달았던 것 같아."

_레이프 엥거, 《강 같은 평화》
Peace Like a River, 아름드리미디어 역간

Chapter 17

거듭, 거듭
다시 태어나다

나는 신앙이라는 선물을 '다시 태어난다'는 말로 설명해본 적이 없다. 친숙하고 적절한 이 비유에 특별히 반감이 있어서가 아니다. 다만 나를 '다시 태어난' 그리스도인이라고 말한 적은 한번도 없던 것 같다. 나는 다시 태어난다는 것을 한 차례의 경험으로 생각하기보다 다시 태어나고 또 다시 태어나는 것이 우리 소명이라고 믿는 쪽이다. 어쩌면 우리 믿음으로 무엇을 해야 할지 거듭 다시 발견한다는 말이 맞을지도 모른다. '하프타임'은 수많은 '새로운 시작'의 시작이며, 새로운 사고, 새로운 도전, 새로운 기회를 지극히 정상으로 여기는 기대 심리다.

나는 지금 새벽 다섯 시에 일어나 이 글을 쓴다. 단잠을 자고 일어나 꽃처럼 싱그러운 기분으로, 내 삶과 일에 새봄이 오기를 기대하며 책상에 앉아 있다. 내게는 앞으로 10년간 나를 쏟아부을 새롭고 훌륭한 일거리가 잔뜩 쌓였고, 나는 그 점을 감사히 여긴다. 태양이 댈러스 들판에 빛을 뿌린다. 19층 아래에서 차들이 쌩쌩 달리며 거리를 깨우는 소리와 러브필드 공항을 출발하는 아침 첫 비행기 소리가 들린다. 도시의 모든 상업적 활력이 깨어나 새로운 하루를 준비한다.

하루하루가 내게는 마치 부활절처럼 다시 태어난 삶을 경험할 기회이며, 그 삶에서 냉소주의와 정체 상태로 지친 세상을 떨치고 일어나 활기차게 살아가는 힘을 얻는다.

자, 일어나 나가서 뭔가 일을 해보자!

육십 대인 내 친구들은 전에 없던 열정으로, 인생의 새로운 계절인 하프타임을 탐색한다. 부동산 거물인 돈 윌리엄스는 가난한 아이들에게 새로운 기회를 주기 위해 '댈러스 독립 학군'을 대대적으로 보수하는 일에 앞장서면서 활기차게 살아간다. 미 연방 교육부 차관보인 전직 동료 톰 루스는 테드 케네디 의원의 도움으로 개정된 '낙오자 없는 교육' 프로그램을 적극 추진한다. 정계에서 초당적 지지를 얻어낸 프로그램이다. 베스트셀러 작가인 켄 블랜차드는 새로 시작한 '예수님처럼 이끌라'Lead Like Jesus 사업에 500만 달러의 자금을 쏟아부었다. 그는 "지도력은 크게 두 가지, 즉 결과와 관계에 관한 것이다"라고 말한다. 이들은 5년 전에 마음 편히 은퇴할 수도 있었던 사람들이다.

몇 주 전에는 게이츠 재단이 미국 전역의 여러 재단에서 1,000건의 자금을 '다운로드' 받았다는 이야기를 들었다. 워렌 버핏이 빌 게이츠와 멜린다 게이츠 부부에게 420억 달러를 기부하겠다고 말한 일이 계기가 되었다. 게이츠 재단의 혁신적 자선활동에 매료된 버핏은 올해 일흔여덟의 나이에 인생의 새로운 계절을 살고 있다. 릭워렌은 아프리카에서 에이즈를 줄이려고 쉬지 않고 일할 뿐 아니라 열정적인 신앙 단체를 기반으로 다양한 활동을 펼친다. 이 사람들이야말로 거듭, 거듭 다시 태어난 사람들이 아니겠는가.

반면에 헨리 나우웬의 육십 대 때 행적은 이와 대조적이다. 그는 내가 아는 다른 누구보다도 사람들과 어울리기를 좋아했다. 토머스머튼의 후계자라는 칭송을 듣고, 노트르담, 예일, 하버드에서 유일무이하게 성직자 겸 교수로서 명성을 날렸다. 그런 그가 돌연 토론토에 있는 라브리 공동체로 들어가더니 그곳에 칩거하며 정신장애자들을 돌보기 시작했다.

헨리는 지금 하늘나라에 있다. 하나님은 그의 하프타임 결심을 칭찬해주실까? 성공이 아닌 의미를 추구하며 새 삶을 살기 위해, 앞서 열거한 사람들보다 더 (자기 말을) 포기하기로 한 그의 결심을? 모를 일이다.

나는 사업을 하고 돈을 모으는 멋진 모험을 포기했다. 내 앞에 더 멋진 것이 있다고 믿었기 때문이다. 여느 날처럼, 오늘 아침에도 그 믿음이 증명되었다. 나는 거듭, 거듭 다시 태어난다. 그리고 이제 막 새 출발을 하려고 한다.

생각하기

1. 힘이 빠지기는커녕 되레 힘이 솟는 일은 무엇인가? 예를 들어, 어떤 사람은 다른 사람들과 함께 있을 때 활력을 얻고, 어떤 사람은 혼자 있을 때 활력이 솟는다. 어떤 일을 꾸미면서 살 때 꾸준히 활력을 얻을 수 있겠는가?

2. 당신 삶에서 기꺼이 끌어안고 축하할 변화는 무엇인가? 거부감이나 두려움이 느껴지는 변화는 무엇인가? 그 이유는 무엇인가?

3. 당신에게 다시 태어나기, 새로운 계절, 새로운 시작은 무엇인가? 다시 말해, '새 출발'을 할 수 있다면 어떤 일을 하겠는가?

4. 앞으로 당신의 10년을 바칠 가치 있는 명분, 사명, 모험은 무엇인가?

같이 걷기

하늘을 창조하여 펴시고 땅과 그 소산을 내시며 땅 위의 백성에게 호흡을 주시며 땅에 행하는 자에게 영을 주시는 하나님 여호와께서 이같이 말씀하시되 … 보라 전에 예언한 일이 이미 이루어졌느니라 이제 내가 새 일을 알리노라 그 일이 시작되기 전에라도 너희에게 이르노라 … 여호와께 새 노래로 노래하며 … 나 곧 나는 나를 위하여 네 허물을 도말하는 자니 네 죄를 기억하지 아니하리라 … 보라 내가 새 일을 행하리니 이제 나타낼 것이라 너희가 그것을 알지 못하겠느냐

_ 이사야 42장 5, 9, 10절, 43장 25, 19상반절

위인의 삶은 한결같이 말한다.
우리는 장엄한 생을 살 수 있으며,
떠날 때는 우리 뒤로
시간의 모래에 발자국을 남긴다고.

_ 헨리 워즈워스 롱펠로, 《인생찬가》
A Song of Life, 혜원출판사 역간

Chapter 18

소중한 것
먼저 하기

켄 블랜차드와 마지 블랜차드 부부는 가르치고 배우는 일에 전문 가다. 켄은 여러 저자와 공동으로 이제까지 40여 권의 책을 썼다. 짧지만 큰 교훈이 담긴 책들인데, 그중에서도 가장 많이 팔린 책이 《1분 경영》 *The New One Minute Manager*, 21세기북스 역간이다. 마지는 블랜 차드 훈련개발원Blanchard Training Company의 '미래연구소' 소장을 맡 고 있다. 켄은 자신을 훈련개발원의 '최고 영적 관리자'라고 부른다. 우리는 서로 상대의 '의미 있는' 사업에 운영위원으로 참여한다.

켄이 인생에서 느끼는 가장 큰 좌절은 앎과 실천 사이의 괴리다. 수백만 명이 그의 책을 읽고, 수천 명이 그의 세미나에 참석한다. 하지만 그들 중에 배운 것들을 실천하는 사람은 소수에 불과하다는 사실을 켄은 이해할 수가 없다. 사람들이 그의 책을 칭찬하면 그는 가끔 이렇게 되묻는다. "그 뒤로 당신 행동이 어떻게 변했나요?" 그는 말한다. "그렇게 물으면 대개는 아주 난처해하더군. 그러면서 책에 나온 다른 주제나 아예 다른 책으로 화제를 돌리곤 하지."

자칭 '숲쥐'인 나는 잡다한 정보를 모아들이고, 이메일과 대화와 잡지 기사 등을 차곡차곡 쌓아 두면서, 켄이 걱정하는 그들처럼 행동한다. 나 역시 애초에 마음먹은 대로 실행하지 못한다. 때로는 다른 사람이 내 그런 습관을 키우기도 한다. 리더십 네트워크에서 교회혁신 팀을 이끄는 데이브 트래비스는 최근에 읽은 것들을 모은 62쪽 분량의 글을 내게 이메일로 보내주었다. 이 외에도 내 농장에는 읽지 않은 책과 잡지가 수북하다.

이번 주는 정신이 하나도 없었다. 몇 가지 새로운 모험을 한꺼번에 시작했는데, 대개는 진척이 있었고, 몇 가지는 지지부진했다. 힘을 여기저기 분산해 점진적으로 일을 진척시키려 했지만, 확실히 벅찼다. 머리는 무뎌지고, 한꺼번에 세 가지 일을 하려다가 결국 제자리에서 맴도는 꼴이 되고 말았다. 키츠의 유명한 「나이팅게일에게 부치는 송시」의 앞부분 같은 상황이었다.

마음은 저리고, 나른한 마비가 내 감각을
고통스럽게 한다. 독약을 들이켠 듯
나른한 아편을 남김없이 비운 듯.

농담이 아니다. 몇 시간 동안 그런 증세가 나타났다. 진흙 속을 걷는 기분이랄까. 당신도 그런 기분을 느껴본 적이 있는가?

고맙게도 도움의 손길이 다가왔다. 얼마 전에 시카고에서 만난 켄이 그의 책 한 권을 내 배낭에 넣어주었다. 그 책은 한 시간도 안 되어 복잡한 머릿속을 말끔히 정리해주었다.

《춤추는 고래의 실천》Know Can Do, 청림출판 역간에서 켄을 비롯한 공동 저자들은 '정보 과잉'을 설명하면서, 우리는 지식을 과다 복용하는 탓에 옴짝달싹하지 못한다고 말한다. 흔히 '분석 과잉에서 오는 마비'라고 부르는 현상이다.

켄은 이렇게 설명한다. "사람들이 흔히 빠지는 덫이다. 새로 나온 책을 읽거나 새로 나온 CD를 듣거나 세미나에 참석하기가 쉬운 탓이다. 지식은 쉽게 얻을 수 있지만, 그것이 곧바로 행동 변화로 이어지지는 않는다. … 책을 다 읽을 즈음에는 읽었던 내용의 5퍼센트도 기억하지 못할 것이다. 그리고 이미 아는 내용을 활용하려고 애쓰기보다 새로운 것을 아는 재미가 더 크게 마련이다."[14]

앎과 실천 사이의 괴리를 메우는 방법은 무엇일까? 켄은 말한다. "더 나은 삶을 살려면 무엇을 배워야 할지 결정한 다음, 적극적으로 실행해야 한다." 블랜차드 공식으로 말하자면 "사람들은 조금씩 더 많이 배우려 할 게 아니라 '더 덜' 배워야 한다."[15]

이 말을 내게 맞게 논리적으로 풀면, 제대로 하려면 일을 줄이라는 뜻이 된다. 텍사스의 억만장자 로스 페로는 1990년대 대통령 선거에 출마하기 한참 전에, 무슨 일을 하든 성공하는 사람으로 유명했다. 한번은 페로를 잘 아는 내 친구 톰 루스에게 페로의 성공 비결을 물었다. 톰의 대답은 간단했다. "집중할 줄 알거든."

더 집중하고 '더 덜 배우기'를 결심할 수 있겠는가? 결심과 실천은 별개다. 나는 한번 해볼 참이다. 우선 "시간 날 때 읽어야지." 하고 농장에 쌓아둔 자료부터 치워야겠다. 그런 다음 잠깐 눈을 붙일 것이다. 아니면 시골길을 활기차게 걷든가. 나는 '고요하고 낮은 목소리'에 귀를 기울이고 나를 위해 항상 그곳에 계신 하나님과 재접속을 시도할 것이다. 잘 풀리지 않는 사안 두어 개는 포기하고 소명이라 생각되는 영역에서 내 힘과 강점을 집중할 것이다.

나도 안다. 제대로 하려면 일을 줄이라는 말은 언뜻 이상하게 들릴 수 있다는 것을. 하지만 일을 잔뜩 벌이다 보면 해야 할 일이 끝도 없고 결국 제대로 되는 일은 하나도 없다. 우리는 전반부를 그렇게 살았고, 굳은 의지로 그런 생활을 유지했다. 하지만 이제는 중요한 일에만 집중하고 나머지는 버릴 때다.

나는 앞으로도 시끌벅적한 재미를 위해 가끔씩 액션 영화를 볼 것이다. 하프타임이 수도 기간은 아니지 않은가!

생각하기

1. 구독하는 잡지나 소식지(온라인 구독 포함)를 빠짐없이 적어보라. 그것들을 정기적으로 모두 읽는가? 절반을 해지하면 어떤 일이 일어나겠는가?

2. 인터넷이 있어서 시간이 절약되는가, 낭비되는가? 인터넷을 효율적으로 활용할 방법은 무엇인가?

3. 마지막으로 참가했던 세미나나 회의를 돌이켜보라. 거기서 배운 것 중에 삶이나 일에 적용할 수 있는 것은 무엇이었나? 끝까지 참가한 뒤에 어떤 변화가 있었는가?

4. 깊이 생각하거나 기도를 하거나 큰일을 고민할 때 시간이나 장소를 따로 내기가 어려운가? 그 이유는 무엇인가? 그런 여유를 가지려면 무엇을 포기해야 하는가?

같이 걷기

인간의 가장 큰 병은 이해가 안 되는 것에 끊임없이 호기심을 품는 일이다. 쓸데없는 호기심에 비하면 차라리 오류에 빠지는 것도 그리 나쁘지 않다.

_ 블레즈 파스칼, 《팡세》

자, 어리석은 인간이여, 일에서 잠시 눈을 떼고, 끊임없는 생각에서 잠시 몸을 숨기고, 골치 아픈 걱정일랑 던져버리고, 심란한 걱정거리는 치워 두라. 잠깐이나마 여유를 갖고 하나님과 소통하면서 그분 안에서 잠시 휴식을 취하라.

_ 안셀무스

중요한 것부터 생각하라. 나중 것들은 개의치 마라.

_ 피터 드러커

Chapter 19

평생 살 것처럼
배우기

얼마 전에 여러 해 동안 알고 지낸 사업가 친구에게서 점심 초대를 받았다. 여기서는 그를 '더그'라는 가명으로 부르겠지만, 이제 묘사할 대화와 상황은 실제임을 밝혀둔다.

더그는 재미있는 친구다. 평생 대기업에서 중역으로 일했고, 인력 채용 회사의 섭외 1순위 대상이다. 그리고 사랑하는 사람과 결혼해 40년 이상 함께 살고 있다. 일흔의 나이로 여전히 혈기왕성한 그는 은퇴할 생각이 전혀 없다. 그에게 회사는 정신적 도전이자 즐거운 곳이다. 지금은 다른 사업가들과 파트너 관계를 맺어 일하고 있다. 그가 하는 일은 일의 종류와 규모가 다른 20여 개 회사의 최고경영자에게 멘토, 즉 인생 조언자가 되어주는 것이다. 그는 이들 회사 중 몇 곳의 지분을 소량 보유하고 있기도 하다.

우리는 함께 점심식사를 하면서, 더그가 자신의 고급 전문 기술을 그들 회사에 전수해주는 이야기로 대화를 시작했다. 더그는 나이 든 사업가 친구들과의 인맥으로 여러 회사에서 일을 하는데, 그 친구들 역시 종일근무는 아니어도 계속 일을 하고 싶어 했다. 나는 더그와 이야기를 나누면서, 내가 관여하는 비영리 '회사들', 그러니까 내가 '밥 주식회사'라 부르는 곳에 적용할 수 있는 것들을 많이 배웠다. 소수의 전문가로 구성된 우리 팀은 비영리 사업가를 찾아내어, 그들이 자신에게 필요한 것을 발견하고 그것을 채워나가도록 도와준다. 더그와 나는 잠재된 힘을 깨워 필요한 곳에 연결하는 단계에 있다. 힘을 대량으로 공급하지는 못한다. 하지만 그것도 괜찮은 삶이다.

한참 이야기를 나누다 보니, 우리 대화가 다른 주제로 넘어가기 위한 전주곡이라는 느낌이 들었다. 아니나 다를까, 더그는 내가 비교적 정기적으로 썼던 '명상 편지'를 꺼냈다. 그리고 그를 생각에 잠기게 했던 문장을 읽어주더니, 최근에 겪은 이야기를 들려주었다.

더그는 최근 2년 동안 생명을 위협하는 알 수 없는 병으로, 한 번은 4주 동안, 한 번은 6주 동안, 두 차례 입원했었다. 지난해 미국에서 9만 명의 목숨을 앗아간 그 치명적 질병 앞에서는 의사들도 속수무책이었다. 더그는 특유의 직선적인 말투로 설명했다. "일주일 동안 24시간 내내 침대에 납작하게 눕혀놓고는 세상의 항생제란 항생제는 죄다 섞어서 정맥주사를 사정없이 찔러대더군."

그러고는 내게 물었다. "의사한테 살 가망이 50퍼센트라는 말을 듣고 그날 밤에 혼자 누워 있는데 어떤 생각이 들었는지 아나?"

"글쎄, 어떤 생각이 들었는데?"

그는 탁자에 몸을 기대며 말했다. "사소한 것들이었지. 사후세계 같은 건 전혀 생각나지 않았어. '이렇게 떠나는 게 내가 원하는 방식인가?' 그런 생각이 들더군. 모두 사소한 것들이었어." 그는 잠시 생각에 잠기더니 이어서 말했다. "그게 뭔지 알겠나?"

할 말을 잃은 나는 짧게 대꾸했다. "뭐지?"

"90퍼센트는 관계의 문제였어. 금전적인 문제를 정리하는 것도 아니고, 관계를 정리하는 문제! 자네는 삶을 잘 끝내는 문제로 글도 많이 썼지. 그렇다면 잘 떠나는 문제도 생각해보았나?"

"무슨 뜻인지 말해보게." 내가 말했다.

"종교 그 이상의 문제야. 나는 신앙인이고, 그건 이미 정해졌어. 그런데 자네가 앞으로 3주밖에 살지 못한다면, 무슨 생각을 하겠나? 나는 그런 생각이 들더군. '어떻게 하면 사람들을 축복하고 격려하면서 잘 죽을 수 있을까? 어떻게 하면 타인 중심적으로 죽을 수 있을까?' 나는 소명 목록을 만들었어. '내가 아직 끝내지 못한 일이 뭘까?' 그건 생각의 문제가 아니었어. 실천의 문제였지. 내가 해야 할 일은 뭔가? 누굴 만날 것인가? 무슨 말을 할 것인가? 올바르게 죽는 법에 관해 박사가 되고 싶었어. 잘 죽을 수 있는 은총이 간절해지더군. 죽는 것도 잘 해내야 하는 짜릿한 도전이지."

더그는 죽기 전에 하고 싶은 일 50가지를 목록으로 만들었다고 했다. "그중에 마흔다섯 개가 관계의 문제더군. 잘 '끝내는' 문제가 아니라 잘 '떠나는' 문제였어."

'떠나는' 문제를 이야기하기 좋아하는 사람은 없을 것이다. 나 역시 그렇다. 하지만 더그는 내게 생각할 거리를 던져주었다. 나이가 얼마나 들었든 죽음은 고민하고 싶은 대상은 아니다. 하지만 현실적으로, 누구도 내일을 장담할 수 없다. 나는 더그가 한 말이 마음에 든다. 죽는 것도 잘 해내야 하는 짜릿한 도전이다.

나도 빨리 목록을 작성해야겠다.

생각하기

1. 죽음을 생각해본 적이 있는가? 아니면 죽음은 마음속에서 지우고 싶은 주제인가?

2. 르네상스 시대의 극작가 벤 존슨은 이렇게 썼다. "언제 죽을지 모르기 때문에 집중력은 놀랍도록 향상된다." 이 말의 의미가 무엇이라고 생각하는가?

3. 내 친구 더그는 죽는 것을 "잘 해내야 하는 짜릿한 도전"이라고 했다. 죽음의 어떤 점이 그토록 짜릿하겠는가?

4. 잘 떠나기 위해 죽기 전에 해야 할 일 50가지를 적는다면, 어떤 일이 포함되겠는가?

같이 걷기

죽음은 삶의 가장 큰 손실이 아니다. 가장 큰 손실은 살아 있는 동안 우리 안에서 죽는 것들이다.

_노먼 커즌스

내일 죽을 것처럼 살아라. 평생 살 것처럼 학습하라.

_마하트마 간디

삶이 시작되는 바로 그 순간에 누군가 우리에게 말해주어야 한다. 우리는 죽을 운명이라고. 그러면 우리는 날마다 매 순간 최선을 다해 살 것이다. 나는 말하겠다. 당장 하라! 하고 싶은 것은 무엇이든 지금 당장 하라! 우리에게는 오로지 무수한 내일만이 있을 뿐이다.

_교황 바오로 6세

나는 부활이요 생명이니 나를 믿는 자는 죽어도 살겠고 무릇 살아서 나를 믿는 자는 영원히 죽지 아니하리니 이것을 네가 믿느냐.

_요한복음 11장 25-26절

Chapter 20

옳은 길에서
다시 시작하기

우리는 대개 정보가 충분치 못한 상태에서 결정을 내린다. 중요한 결정을 내릴 때는 특히 그렇다. 그리고 시간에 쫓기지 않을 때는 막판까지 미루다가 다급한 상황을 초래하기 일쑤다. 우리는 가능한 마지막 순간까지 특별한 안목이나 더 많은 진실을 기대한다. 나아가 미래를 어느 정도 예측할 수 있기를 바란다. 확률의 세계에서 확실성을 기대한다.

그러나 실제로 결정을 내리기 전까지는 그 결과를 알 수 없다. 이는 오래전부터 논의된 주제다. 철학자 중에 누구보다도 실용성을 추구했던 아리스토텔레스는 결정을 내리는 과정을 이렇게 정리했다. 인식 → 이해 → 욕구 → 선택.

단순하지만 명쾌하다. 사람들은 흔히 방아쇠를 당겨야 하는 순간에 얼어붙어, 선택과 결정을 하지 못한다. 어제오늘의 문제가 아니다.

그러다 보니 할지 말지를 결정해야 하는 마지막 순간이 닥쳐야 비로소 선택을 하고 방아쇠를 당긴다. '그런 다음에야' 더 많은 것을, 훨씬 더 많은 것을 알게 된다. 1980년대 초, 나는 하마터면 회사를 날릴 뻔한 결정을 내리고는 신시내티, 시카고, 미니애폴리스 세 도시에서 (사실상 채널이 하나뿐인) 유료 텔레비전 사업에 뛰어들었다. 당시 버포드 텔레비전은 텍사스 타일러와 아칸소 포트스미스 같은 소규모 시장에서 텔레비전 방송국을 운영하고 있었다. 그때 방송사 한 곳과 주요 방송 사업자들을 고객으로 확보한 워싱턴 최고의 법률사무소가 나더러 유료 텔레비전 사업을 해보라고 했다. 20년 동안 작은 시장에서 아등바등하던 (하지만 제법 수익을 낸) 내가 큰물로 뛰어드는 비약적 발전을 할 절호의 기회였다. 대도시에서 영화 채널을 공급하는 케이블 텔레비전 사업에 뛰어들면 단시간에 큰 수익을 올릴 수 있었다. 40대 초반이었던 나는 몸이 달았다. 이제 곧 테드 터너(미국 CNN 방송사 설립자—옮긴이)가 되는 거야!

우리는 세 도시에서 텔레비전 방송 허가권을 따냈고, 다른 도시도 찾아다녔다. 그리고 신시내티와 시카고에서 방송국을 열었다. 타일러와 포트스미스에서 온 나와 친구들끼리. 상상할 수 있겠는가! 첫날부터 나는 흥분과 두려움에 휩싸였다. "단시간에 부자가 될 수 있는 절호의 기회야"라며 흥분했고, 소도시 출신의 애송이들이 지금 무슨 일을 꾸미는 건지 우리 자신도 어리둥절해서 차마 말은 못해도 내심 무척 두려웠다. 한 명도 없던 직원이 금방 800명으로 늘었다. 물론 이 직원들은, 그리고 관리자까지도 하나같이 우리가 생판 모르는 사람들이었다. 우리는 광고, 전화 상담, 안테나 설치에 거금을 쏟아부었다. 그리고 이내 깨달았다. 북부의 이 다인종 대도시는 우리 소도시와 다르다는 것을. 나는 《오즈의 마법사》에 나오는 도로시가 된 기분이었다. ("여기는 캔자스가 아니야, 토토!") 일찌감치 가입한 사람들로 일단 사업은 출발했지만, 우리는 그들을 계속 붙들어 놓을 방법을 몰랐다. 잠 못 이루는 밤이 계속되었다. 달리 방법이 없다는 것을 가슴 깊은 곳에서 느끼기 시작했다.

아, 이런! 결정을 잘못 내려 엉뚱한 길로 들어섰다는 걸 깨달았다면 어떻게 해야 하지? 나는 두 사람에게서 큰 지혜를 얻었다. 한 사람은 옥스퍼드 학장을 지낸 C. S. 루이스이고, 또 한 사람은 제너럴일렉트릭의 최고경영자였던 잭 웰치다.

루이스는 이런 말을 했다. "길을 가다 갈림길에서 어느 한쪽을 선택했다가 그 선택이 잘못되었다는 걸 알았을 때, 그 길을 고집하면서 애초의 선택이 옳았다고 증명하려 들지 마라. (이는 특히 남자들의 병이다.) 이때는 (고통스럽지만) 재빨리 갈림길로 돌아가 옳은 길에서 다시 시작하라." (내가 약간 변형해 인용했다.) 나는 잭 웰치가 피터 드러커의 질문 한마디에 (그 세대에 가장 성공적인 기업인) 제너럴일렉트릭의 방향을 완전히 바꾸었다는 이야기를 들은 적이 있다. 그 질문은 이랬다. "애초에 그 일을 하지 않았다면, 그래도 지금 하려는 이 일에 뛰어들겠는가? 아니라고 대답할 거라면, 결론은 두말할 필요가 없다. 당장 빠져나와라."

내가 내린 결정도 바로 그것이었다. 새로 시작한 일은 과열된 내 자아에 심각한 타격이었고, 회사는 백만 달러 손실을 보았다. 하지만 하늘 높은 줄 모르고 성장하던 유료 텔레비전 사업이 돌연 전국적으로 파산 사태를 맞이하면서 내게 방송국을 사들인 회사는 나중에 7,200만 달러 손실을 입었으니, 하마터면 내가 그 손실을 고스란히 떠안을 뻔한 셈이다. 나는 그나마 일찌감치 회사를 판 덕에, 홀가분한 상태로 수익성이 높은 다른 사업에 손을 댈 수 있었다.

사업이든, 정치든, 비영리 활동이든 일의 성패는 우리 통제를 벗어난 경우가 많다. 시장 상황은 예측이 불가능하다. 우리 행동에 대한 사람들의 반응은 늘 우리 예상을 벗어난다. 아무리 많은 자료와 정보를 확보해도 '확실한 거래' 따위는 존재하지 않는다.

그렇다면 사업에서든 사적으로든 좋은 의도를 가지고 관계를 맺었지만 바람직하지 않은 거래였다거나 곤경에 처했다거나 대실패로 끝났다면 어떻게 하겠는가? 이 경우 우리는 대개 폭풍우에 완강하게 맞선다. 상황이 호전되길 기도하면서 두 번, 세 번, 네 번 다시 기회를 노린다. 한동안, 어쩌면 오랫동안 참고 견딘다. 패배를 인정하고 싶은 사람은 없으니까. 하지만 옳다고 생각하는 일을 오래 미룰수록 패배할 확률은 더 높아진다.

판단이 틀렸다고 생각되면 그 사실을 끝까지 부인하려고 안달하지 마라. 지혜로운 내 친구 짐 콜린스가 말한 '잔인한 진실'을 마주하라. 그리고 그 진실이, 당신이 아직도 엉뚱한 길에 서 있다고 증명해 보이면, 이를 악물고 대가를 치른 다음 더 나은 일을 찾아라.

다시 말한다. 당장 빠져나와라. 말이 죽었으면 말에서 내려올 일이다.

생각하기

1. 업무와 관련한 결정 중에 최악의 결정은 무엇이었나? 그 상황이 해결되기까지 시간이 얼마나 걸렸는가?

2. 사업과 투자, 직업을 새로 시작할 때 마음속으로는 그릇된 방향이라는 걸 알면서도 계속 나아간 일이 있는가? 그 상황에서 '잔인한 진실'은 무엇인가? 무엇이 옳은 일인가? 옳은 일을 하지 못하는 이유는 무엇인가?

3. 사업과 정치에서 훌륭한 인물들은 성공보다 실패를 더 많이 경험했다 (토머스 에디슨, 에이브러햄 링컨 등). 그렇다면 우리가 판단 오류를 인정하면서 더 이상의 손실을 막고 그 일에서 빠져나오기가 어려운 이유는 무엇일까?

4. 가장 힘든 결정은 대개 기회를 사양하거나 잘 되던 일을 그만두고 더 나은 일을 하는 것이다. 기회를 사양하지 않았다가 나중에 후회한 적이 있는가? 그 일로 의사결정 과정에서 바뀐 부분이 있는가?

같이 걷기

예수께서 비유로 여러 가지를 그들에게 말씀하여 이르시되 씨를 뿌리는 자가 뿌리러 나가서 뿌릴새 더러는 길가에 떨어지매 새들이 와서 먹어 버렸고 더러는 흙이 얕은 돌밭에 떨어지매 흙이 깊지 아니하므로 곧 싹이 나오나 해가 돋은 후에 타서 뿌리가 없으므로 말랐고 더러는 가시떨기 위에 떨어지매 가시가 자라서 기운을 막았고 더러는 좋은 땅에 떨어지매 어떤 것은 백 배, 어떤 것은 육십 배, 어떤 것은 삼십 배의 결실을 하였느니라 귀 있는 자는 들으라 하시니라.

_ 마태복음 13장 3-9절

잘못된 결정에서 오는 위험이 우유부단에서 오는 공포보다 낫다.

_ 마이모니데스

결정은 판단이다. 그것은 여러 대안 가운데 선택하는 것이지, 옳은 것과 그른 것 중에 선택하는 것이 아니다. 기껏해야 '거의 옳은 것'과 '아마도 그른 것' 사이에서 선택하는 정도다.

_ 피터 드러커

5부

잘 끝내고
잘 떠나다

나보다 딱 서른 살이 많은 피터는
그해까지 5년 동안 놀라울 정도로 생산적인 삶을 살았다.
그는 나를 조용히 다시 땅으로 끌어내려 놓고 말하는 것 같았다.
"그냥 한 발을 다른 발 앞에 놓으라고. 자네 소명을 따르는 거야.
자네가 해야 할 일을 하면 그만이야. 나머지는 하나님이 다 알아서 해주시니까."
피터는 그 뒤로도 아흔다섯의 나이로 세상을 떠날 때까지
책을 열네 권이나 더 출간하고 글도 무수히 많이 썼다.

_본문 중에서

Chapter 21

준비가
전부다

우리에게 전반부 삶은 대개 자립을 탐색하는 시기다. 우리는 자기만의 정체성을 개척하고, 어린 시절과 의존적 시기는 떠나보내고 싶어 한다. 내가 가진 메리엄웹스터 사전은 '의존'을 "다른 것에 영향을 받거나 결정 또는 종속되는 상태나 특징"이라고 정의한다.

그리고 같은 사전에는 self, 즉 '자립의' 또는 '스스로'로 시작하는 단어가 self-acknowledged스스로 인정한, self-authenticating스스로 인증하는, self-avowed스스로 시인한 등 무려 219개나 된다.

세상에!

예전에 종교와는 무관하게 재계의 젊은 지도자 부부들을 대상으로, 성공에서 의미로 옮겨 가는 것을 주제로 강연을 해달라는 부탁을 받았었다. 나는 그런 청중의 몸짓을 보며 내 이야기가 어떻게 받아들여지는지 살펴기를 좋아한다. 사람들은 대개 공손하게 흥미를 보이든지, 격려를 아끼지 않든지, 아니면 그 중간 정도의 반응을 보인다. 그러나 이번만큼은 달랐다.

팬들도 있었지만, 80퍼센트 정도는 표정이 굳어서 이야기를 받아들이지 않거나 적대적이거나, 심지어는 내 이야기에 위협을 느끼는 듯했다. 강의실에는 '대체 저 남자를 누가 들여보낸 거야?' 하는 분위기가 감돌았다. 나는 개의치 않고 밀고 나갔다. 나는 보통 경제적으로 여유가 있는 청중 앞에서 이야기를 잘한다. 나도 그들 중 한 사람이니까. 하지만 이번만큼은 흔히 "분위기가 무르익기까지 시간이 걸린다"는 말도 적절치 않았다.

질문 시간이 되자 뒤쪽에 앉은 사람이 손을 들었다. 질문은 이랬다. "저는 아인 랜드의 철학을 믿습니다. 그의 철학은 이기심에 기초하기 때문에, 최선의 삶은 자신을 돌보는 것이라고 말합니다. 선생님 생각은 어떠신지 궁금합니다." 내 면전에서 그런 말을 하다니! 나는 1960년대에 읽었던 글을 다시 기억에서 끄집어냈다. 랜드는 소설 《아틀라스》에서 존 골트라는 인물에 자신의 철학을 구현했는데, 골트는 다른 사람들의 세상이 영 탐탁지 않아 외딴 곳에 자기만의 성역을 만들기 위해 떠난다. 세상의 근심, 걱정과 단절된 독립된 세상이다. 종교적 은둔이 아니라 이기적인 은둔이다. 나는 (개인적으로 감사히 여기는) 사유재산과 자유의지에 대해 몇 마디 떠들고는 재빨리 다음 질문으로 넘어갔다.

하지만 그 뒤로도 이 대담한 자기만족 주장이 머릿속을 떠나지 않았다. 그러다가 아인 랜드의 홈페이지(www.aynrand.org)로 들어가 보니 아인 랜드의 공식 해명이 있었다. "내 철학은 본질적으로 인간을 영웅으로 여긴다. 자신의 행복을 삶의 도덕적 목적으로 삼고, 생산적 성과를 가장 숭고한 활동으로 생각하며, 오로지 이성만을 절대적인 것으로 여기는 영웅이다."

그 뒤에 티칭컴퍼니Teaching Company(www.teach12.com)의 미국문학 강의를 듣던 중에 애널드 와인스타인 교수가 20세기 미국문학을 지배하는 주제는 '개인주의'라고 말하는 것을 들었다. 그 뒤 내 강의에서 질문을 던졌던 사람을 바라보는 내 시선이 다소 부드러워졌다. 어쩌면 다른 청중도 같은 생각이었지만 직설적이고 공공연하게 표현하지 못했을 뿐이었는지도 모른다. 사실 '성공' 지향적 세계관이 지배하는 인생 전반부에는 사람들 대부분이 아마도 그렇게 행동할 것이다. 만약 그렇다면, 자기초월과 의미를 추구하고 더 높은 이상에 자신을 맡기라는 내 이야기는 그들에게, 그리고 당신에게 위협적이었을 것이다. 내 아내의 평가는 이렇다. "그 사람들은 당신 이야기를 상상할 수도 없어요. 변화를 좋아하지 않거든요. 당신은 그 사람들 삶에 이의를 제기한 거나 마찬가지예요."

내게 강연을 요청했던 그 모임의 주최자가 다음 날 내게 전화를 걸어 메시지를 남겼다. "선생님 말씀은 완벽했습니다. 청중의 평가는 그걸 반영하지 못할 수도 있어요. 사실 그들은 아직 받아들일 준비가 안 된 모양입니다."

셰익스피어는 "준비가 전부다"라는 유명한 말을 남겼다. 그들은 과정에 얽매인 채 다른 소중한 것에는 별 관심이 없는 전반부 사람들이 분명했다. 그렇다면 그들이 인생의 새로운 계절로 들어갈 때는 가치관이 바뀔까? 아무리 생각해봐도 잘 모르겠다.

생각하기

1. 인생 전반부에서 '행복 추구'가 당신 행동에 어느 정도나 영향을 미쳤는가? 어느 순간부터 그것이 만족스럽지 못했는가? 그 이유는 무엇인가?

2. 개인주의가 꼭 나쁘지는 않다. 사실 우리 사회에서 수많은 혁신과 발전이 개인주의에서 나왔다. 당신은 자기중심적이고 타인에게 무관심한 개인주의로 빠지지 않기 위해 어떤 노력을 하는가?

3. 당신이 가장 소중히 여기는 가치 세 가지는 무엇인가? 이십 대 때 품었던 핵심 가치가 지금은 바뀌었는가, 아니면 그대로인가? 그 이유는 무엇인가?

4. 이십 대 때는 무엇에 행복을 느꼈는가? 지금은 어떠한가?

5. 개인적으로 아는 사람들 가운데 가장 존경하는 사람은 누구인가? 가장 존경하지 않는 사람은 누구인가? 그 이유는 무엇인가? 당신이 존경하는 사람의 어떤 점을 닮고 싶은가?

같이 걷기

인간의 삶은 원래 무언가에 몰두하게 마련이다. 영광스러운 사업이든 미천한 사업이든, 거창한 운명이든 보잘것없는 운명이든, 그것이 무엇이든 간에. … 나밖에 모르는 삶이 어떤 목표점을 향해 내 손에 조종되지 않는다면, 그 삶은 긴장감도, '형체'도 없이 해체될 것이다. 요즘 우리는 무수한 삶이 자기 미로에 빠져 헤매는 어이없는 광경을 목격한다. 아무것도 얻을 게 없는 미로다. … 오로지 자기 삶에만 몰두하다 보니 모든 삶이 할 일도 없이 공허해졌다. 그리고 삶은 어쨌거나 무언가로 채워져야 하기에, 천박한 것들을 만들어낸다. 친밀함이나 진심이라고는 전혀 없는 엉터리 몰입 같은…. 오늘은 오늘이고, 내일은 오늘과는 반대되는 또 다른 하루다. 삶은 길을 잃고 저 혼자 삶을 찾아 헤맨다. 철저한 이기주의는 미로다.

_ 호세 오르테가 이 가세트, 《대중의 반역》
La Rebelion de las Masas, 역사비평사 역간

오직 겸손한 마음으로 각각 자기보다 남을 낫게 여기고 각각 자기 일을 돌볼뿐더러 또한 각각 다른 사람들의 일을 돌보아.

_ 빌립보서 2장 3하반절-4상반절

Chapter 22

10년 후
당신은?

아내 린다에게 세상을 떠날 날짜와 시간을 안다면 좋겠느냐고 묻자, 아내는 대수롭지 않게 대답했다. "내 성격상, 계획을 세울 수 있다면 좋죠. 옷장을 정리하고 싶으니까요."

당신은 어떠한가? 당신이 앞으로 얼마나 살지 안다면 어떻겠는가? 우선, 그 사실을 알고 싶은가? 삶의 마지막 장이 어떻게 펼쳐질지 정말로 알고 싶은가? 안다면 다르게 살겠는가? 보험에 가입하려고 건강검진을 했다가 앞으로 살날이 일 년 남았다는 이야기를 들었다면 어떻게 하겠는가? 그해의 대본을 다시 쓰겠는가?

다행히도 우리는 알 수가 없다. (내 생각에 다행스러운 일이다.) 모든 것이 확률에 의존한 모험이다. 게다가 의학 정보와 생활방식이 날로 새로워지면서 그 확률조차도 휩쓸리는 모래와 같다. 어떤 의사는 몸무게를 늘리라고 한다. (몸매가 완벽한 린다는 몸무게를 자그마치 4킬로그램이나 늘리라는 주치의의 말에 경악했다.) 그리고 한 달 뒤, 내 주치의 켄 쿠퍼가 내게 말한다. (해마다 하는 이야기지만.) "내년에는 선생을 좀 덜 봤으면 좋겠군요. 한 5킬로그램 정도요." 이런.

아무튼 내가 이런 특별한 생각을 하는 이유는 여러 보험회사에 고용된 최소 네 명의 전문의와 쿠퍼클리닉 심장 전문의이자 내 주치의인 니나 래드포드 박사가 상의한 결과, 내가 앞으로 10년 뒤에도 이곳에 여전히 존재할 확률이 86퍼센트라는 일치된 의견을 내놓았기 때문이다. 대체 어떻게 나온 수치일까? 쿠퍼클리닉이 최신 의술을 이용해 내 늙은 몸을 여기저기 쑤시고, 찌르고, 훑으면서 심장과 폐와 다리를 검사한 결과를 기초로, 이 보잘것없는 경마에서 '승리한' 보험회사가 10년짜리 보험에서 그들이 내게 보험금을 지불할 확률이 고작 14퍼센트라는 사실에 진짜 돈을 걸기로 한 것이다. 보험금을 지불하지 않게 될 경우, 나는 여전히 가르랑거릴 테고, 이들은 내가 낸 보험료를 고스란히 챙겨 유유히 돌아갈 것이다. 게다가 보험회사 사람들은 만약을 대비해 보험료를 더 비축해 두기 때문에, 내 실제 생존율은 조금 더 높을 것이다.

이 모든 상황은 리더십 네트워크에 다년간 후 투자하기로 결정한 대단히 똑똑한 사람 때문에 생긴 일이다. 그 결정에는 조건이 딱 하나 붙었다. 이사 자리도 아니다. 잦은 보고도 아니다. 투자가 끊기는 경우는 오직 내가 죽을 때다. 내가 보험을 알아본 이유도 그 때문이다.

앞서도 말했지만, 이는 단지 확률일 뿐이며, 다행히 앞일은 알 수 없다. 나는 훌륭한 친구였던 피터 드러커처럼 아흔다섯까지 살지도 모른다. 2005년 피터가 세상을 '졸업'하기 두어 달 전쯤에 직접 만난 적이 있는데, 그때도 피터는 내게 다음 할 일을 조언해줄 정도였다. 어쩌면 내일 당장 나도 피터와 내 아들 로스가 있는 곳으로 떠날지도 모른다. 성경은 장수를 여러 차례 언급하는데, 결말은 언제나 똑같다. "우리는 알 수 없다. 하나님만이 아신다." 하나님은 의학을 능가한다. 독특한 현자인 벅민스터 풀러가 책 제목에서 썼듯이, *And It Came to Pass-Not to Stay* 그리고 그것은 지나갔다, 머무르지 않고.

나는 아들 로스가 죽은 이듬해에 하마터면 비행기 추락 사고로 목숨을 잃을 뻔했다. 그 사고로 내 친구 넷이 세상을 떠났다. (나는 어쩌다 그 비행기에 탑승하지 않았다.) 사고 직후 피터 드러커를 찾아갔다. 베란다에서 앞으로 부동산을 어떻게 처리할지 이야기를 꺼내는데 피터가 돌연 말을 잘랐다. "밥, 자네가 지금 죽음을 생각하는 모양인데, 앞으로 30년은 족히 살 거야. 그것도 자네 인생에서 최고의 30년을 말이야." 그때 내 나이 마흔여덟이었고, 피터의 나이 일흔여덟이었다. 나보다 딱 서른 살이 많은 피터는 그해까지 5년 동안 놀라울 정도로 생산적인 삶을 살았다. 그는 나를 조용히 다시 땅으로 끌어내려 놓고 말하는 것 같았다. "그냥 한 발을 다른 발 앞에 놓으라고. 자네 소명을 따르는 거야. 자네가 해야 할 일을 하면 그만이야. 나머지는 하나님이 다 알아서 해주시니까." 피터는 그 뒤로도 아흔다섯의 나이로 세상을 떠날 때까지, 책을 열네 권이나 더 출간하고 글도 무수히 많이 썼다.

솔직히 앞으로 내가 10년을 더 살 확률이 86퍼센트라는 사실이 무척 기쁘다. 나는 은퇴할 마음이 전혀 없다. 지금부터 10년 뒤 생일에도 다음 책의 첫 장을 쓰고 있으면 좋겠고, 독자들도 여전히 그곳에서 내 책을 받아볼 수 있으면 좋겠다.

생각하기

1. 앞으로 살날이 얼마나 될지 알고 싶은가, 아니면 그저 세월의 흐름에 맡기는 것에 만족하는가? 그 이유는 무엇인가?

2. 앞으로 살날이 정확히 10년 남았다면, 무엇을 하겠는가?

3. 정기 건강검진, 식습관 변화, 꾸준한 운동 등 우리 삶을 연장할 방법이 그 어느 때보다 많아졌다. 당신이 마지막으로 건강검진을 받은 때는 언제인가? 더 오래 살고, 더 활동적이고 역동적으로 살기 위해 생활방식을 어떻게 바꾸었는가?

4. 개인/가족, 일, 영적인 분야, 이 세 항목과 관련해 죽기 전에 꼭 하고 싶은 일들을 적어보라.

같이 걷기

여호와여 주께서 나를 살펴보셨으므로 나를 아시나이다
주께서 내가 앉고 일어섬을 아시고
멀리서도 나의 생각을 밝히 아시오며
나의 모든 길과 내가 눕는 것을 살펴보셨으므로
나의 모든 행위를 익히 아시오니
여호와여 내 혀의 말을 알지 못하시는 것이 하나도 없으시니이다
...
내가 은밀한 데서 지음을 받고
땅의 깊은 곳에서 기이하게 지음을 받은 때에
나의 형체가 주의 앞에 숨겨지지 못하였나이다
내 형질이 이루어지기 전에 주의 눈이 보셨으며
나를 위하여 정한 날이 하루도 되기 전에
주의 책에 다 기록이 되었나이다

_ 시편 139편 1-4, 15-16절

Chapter 23

꿈을
공유하는 기쁨

무척 힘든 한 달이었다. 나는 새 책을 쓰는 중이었고, 잘 될지 안 될지 알 수 없었다. 삶의 소음에서 떨어져 지내는 한 달 동안에도 답장을 써야 할 이메일 프린트가 늘 산처럼 쌓였고 많은 사람이 들락거렸다. 하지만 그 와중에도 늦은 오후에는 로어링포크 강가를 산책했고, 더러는 일요일 오후에 연주회도 가고, 저녁에는 DVD로 지난해 영화를 보기도 했다. 그나마 공기 좋은 애스펀에 있었기 때문에 불만은 없었다.

어느 토요일, 집 뒤편 테라스에서 에스펀 특유의 공기를 들이마시면서 책을 읽으며 쉬고 있었다. 내 앞에는 내가 가장 좋아하는 칼럼니스트 데이비드 브룩스의 글이 있었다. 글은 이렇게 시작한다.

더글러스 호프스태터는 결혼해 행복하게 살고 있었다. 그는 저녁

파티가 끝나면 아내 캐롤과 함께 설거지를 하며 조금 전에 나눈 대화에서 중요한 부분을 다시 이야기하곤 했다. 그러다가 캐롤이 다섯 살, 두 살짜리 아이들을 남기고 마흔두 살에 뇌종양으로 세상을 떠났다.

몇 달이 지나 호프스태터는 캐롤의 사진을 들여다보았다. 그는 책 《나는 이상한 고리다》I Am A Strange Loop에서, 그때의 느낌을 이렇게 표현한다.

나는 아내 얼굴을 들여다보았다. 그렇게 뚫어져라 바라보니 내가 아내의 눈 뒤에 있다는 느낌이 들었고, 돌연 눈물이 흐르면서 "저게 나야. 저게 바로 나야!" 하는 말이 튀어나왔다.

그리고 그 단순한 말이 예전에 품었던 수많은 생각을 불러냈다. 우리 영혼은 더 높은 수준의 실체 하나로 통합된다는 점, 영혼의 중심에는 우리 아이들에 대한 여러 희망과 꿈이 똑같이 자리 잡고 있다는 점, 그러나 그 여러 희망은 서로 분리되거나 별개가 아니라 똑같은 하나라는 점, 그리고 그것은 우리를 동시에 규정하고 우리를 단일체로 합쳐주는 분명한 하나이며, 그 단일체는 내게 존재했지만 결혼해 아이를 낳기 전까지는 막연히 상상만 했던 단일체라는 점이다. 나는 깨달았다. 캐롤은 죽었지만 캐롤의 본질은 죽지 않았으며, 내 머릿속에 의연하게 살아 있다는 사실을. 〈뉴욕 타임스〉, 2007년 7월 20일자

나는 곧바로 깨달았다. 린다와 결혼하기 전까지 나는 완전히 혼

자였다는 것을. 시원한 토요일 아침, 내가 테라스에 나와 있는 사이 집안에 있던 생기 넘치는 린다와 결혼하기 전까지 나는 혼자였다는 것을. 한순간이라도 삶을 공유한다는 것이 얼마나 값진 선물인가. 우리가 멋진 농담에 웃음을 터뜨릴 때 주위를 둘러보며 다른 사람도 이해했는지 살피는 이유도 이 때문이다. 우리는 지나가는 한순간에도 친밀감을 공유한다.

꿈을 공유하면 그 꿈이 얼마나 풍성해질지 상상해보라. 함께 축하하고 더러는 함께 상심하고 실망도 하면서, 수년에 걸쳐 실현할 꿈을 공유하는 것이다. 고음과 저음을 힘차게 오가는 베토벤의 운명 교향곡처럼 때로는 파도가 치고 때로는 잔잔한 삶의 부침을 린다와 나는 늘 함께 겪었다.

내 시간과 재능과 재산을 소비해 이 일을 하면서 사실 외로움을 느낀 적도 있지만, 그 느낌이 사실은 터무니없고 근거 없는 것일지도 모르겠다. 내가 하는 일은 언제나 타인과 함께하는 사업이었으니까. 하지만 "선생이 하시는 일은 대체 어떤 일인가요?"라는 질문을 받고 흔치 않은 내 활동을 애써 설명하는데 상대의 눈빛이 게슴츠레해지면, 더러 외로움을 느끼기도 한다. 마치 외계인이 된 것 같다. 애스펀연구소 세미나에서도 가끔 비슷한 느낌을 받는다. 복잡한 어떤 이유로 하버드대학 케네디스쿨 이사회에도 참여하는데, 그곳에 가도 늘 '대체 저 남자를 누가 여기에 들여보낸 거야?' 하는 식의 분위기가 느껴진다. 한번은 그곳 소장인 티지애나 디어링에게 "이 모임만 오면 주변인이 된 느낌이에요" 하고 말했더니, 소장은

"당연히 주변인이시죠" 하고 대답하는 게 아닌가. 맞는 말이다. 나는 그 말을 불쾌하게 받아들이지 않았다. 객관적이고 냉정한 말이었다.

피터 드러커가 '대통령 자유 훈장'을 받기 전 오후에, 워싱턴 D. C.에 있는 호텔에서 잠깐 만난 적이 있는데, 그때 그가 말했다. "자네나 나처럼 스스로 생각하는 사람들은 외로운 사람들이야." 이 말은 이후로 내 머릿속에서 떠나지 않았다. 군중 틈에서는 외롭다. 정말 외롭다.

그 뒤 고맙게도 값진 순간들이 이어졌다. 나는 여러 사람과 (내게 영감을 준 데이비드 브룩스의 칼럼 제목에서 이름을 따) '마음의 제휴'를 맺었다. 명분이 같은 사람들과의 합병이자 이해와 목적을 공유하는 기쁨이었다. 몇 주 전에는 전국에서 모인 사람들 60명과 사흘을 함께 지냈다. 하프타임을 건너 성공에서 의미로 옮겨 가도록 주변 사람들을 안내한 사람들이다.

그들은 자신이 경험한 후반부 삶을 다양한 말로 표현했다.

"저는 지금 과도기예요."

"정체성과 능력을 상실하는 시기죠."

"우리 아이들 넷은 아직도 어린애 같은데 대학 간다고 죄다 집을 떠났어요. 집이 빈 둥지가 되어 쥐 죽은 듯이 조용해요."

"앞으로 어떤 일이 일어날지 모르겠어요."

나는 종이 맨 위에 적었다. "우리는 모두 이곳 신세계의 개척자들이다."

애스펀의 청명한 여름 하늘 아래 우리는 함께 걷고 함께 식사하면서, 차츰 한마음이 되어갔다. 우리는 말없이 서로를 이해했다. 우리는 마음을 섞은 사람들이었고, 더글러스 호프스태터가 넋을 잃고 아내 사진을 바라볼 때처럼 초월적 체험을 했다. 그것은 마음이 아닌 영혼의 소통이었고, 느낄 수는 있어도 객관적으로 설명할 수 없는 것이었으며, 설명하는 것이 아닌 체험하는 것이었다.

브룩스의 칼럼은 계속 이어졌다.

호프스태터는 캐롤의 죽음으로, 사람들은 소통할 때 상대의 뇌에 미약한 섬광을 보낸다는 사실을 분명히 깨달았다. 친구와 연인들은 상대의 생각과 습관, 세계를 바라보는 방식에 서로 반응을 주고받는 고리를 만들어 낸다. 캐롤은 죽었지만, 그의 습관과 인식은 그를 아는 사람들의 마음에 여전히 살아 있었다.

호프스태터는 캐롤의 자아가 차츰 희미해졌어도 여전히 존재한다는 것을 감지했다. 자아는 관점이며, 세계를 바라보는 방식이라고 그는 믿는다. 상대와 공유하며 발전시킨 모든 인식과 섬광과 고리가 한데 어우러져 자아가 탄생한다. 더글러스와 캐롤의 자아는 서로 겹쳐졌고, 캐롤이 세상을 떠난 뒤에도 분리되지 않았다.

나는 아들 로스가 다른 세상으로 떠났을 때 그 현상을 느꼈다. 그리고 애스펀에서도 느꼈다. 그 뒤 텍사스의 뜨거운 여름으로 돌아 왔지만, 린다와 내가 그 훌륭한 사람들과 며칠을 함께 보내면서 공 유했던 대화, 나아가 공통의 마음은 그들이 떠나고도 사라지지 않 았다.

생각하기

1. 성공한 사람들은 외롭고 주변인이 된 느낌이 드는 때가 많다고 말한다. 사람들과 함께 있을 때, 그들과 완전히 단절되었다거나 오해를 받는 것 같다고 느낀 적이 있었는가? 그 이유가 무엇이라고 생각하는가?

2. 당신이 다른 사람에게 끌리는 이유는 무엇인가? 다른 사람이 당신에게 끌리는 이유는 무엇인가? 이처럼 서로 '연결되는' 이유가 무엇이라고 생각하는가?

3. '마음의 제휴'를 맺은 사람, 즉 말 한마디 없이도 서로 소통할 수 있는 사람의 목록을 작성해보라. 그 관계를 어떻게 묘사하겠는가?

4. 배우자를 제외하고 끈끈하게 연결되는 사람, 즉 마음의 제휴를 맺은 사람과 시간을 보내려고 얼마나 자주 짬을 내는가?

같이 걷기

우리 생애에 가장 소중한 사람이 누구인지 솔직히 자문할 때, 우리에게 많은 조언을 해주고 문제를 해결하거나 치유해준 사람보다는 우리 고통을 함께 나누고 부드러운 손길로 상처를 어루만져주던 사람이 떠오를 때가 많다. 절망스럽거나 혼란스러운 순간에 우리와 함께 침묵을 지켜줄 수 있는 친구, 슬프고 애통한 시간에 우리 곁을 지켜줄 수 있는 친구, 애써 알려 하거나 치료하려 들지 않고 참아주고 우리 무력함을 함께 대면할 수 있는 친구, 그런 친구가 진짜 친구다.

_ 헨리 나우웬[16]

친구가 길을 가다 말의 속도를 늦추고
걸어오며 나를 부를 때,
나는 아직 괭이질을 하지 않은 넓은 밭에서
꼼짝 않고 주위를 둘러보며
그 자리에서 무슨 일인가, 하고 소리치지 않는다.
그럴 리가 있는가. 이야기할 시간이 있는데.
다섯 자 높이의 괭이를 날을 위로 가게 하여
부드러운 흙에 꽂아 두고는
터벅터벅 걸어간다. 그리고 돌담 위로 올라가
친구를 반갑게 맞이한다.

_로버트 프로스트
「이야기할 시간」 A Time to Talk

Chapter 24

허를
찔리다!

2007년 서던캘리포니아에서 산불이 났을 때, 내 친구 켄 블랜차드와 마지 블랜차드 부부는 새로운 상황 관리 문제에 직면했다. 당시 두 사람은 플로리다에 있었다. 켄은 대학 동창들과 골프를 치고 있었고, 마지는 학회에서 교육을 하던 중이었는데, 그때 아들 스콧이 전화에 메시지를 남겼다. "아버지, 어머니, 지금 어디 계신지 모르지만, 우리 지금 대피해야 해요. 큰일 났어요."

켄은 영적 성숙함으로 우선순위를 정하고 인격자답게 대응했다. 나중에 내게 보낸 이메일에서 그는 이렇게 말했다. "나는 곧바로 두 가지로 반응했지. 하나는 그리스도인으로 교육받은 건데, 하나님은 우리가 풍요로운 삶을 살면서 기쁨과 평화, 정의를 누리길 바라신다는 거야. 그래서 손을 위로 올려서 받는 자세를 하고 말했어. '주

여, 당신이 필요합니다. 당신과 계속 접속하고 싶습니다. 당신 없이
는 이 상황을 헤쳐갈 수 없습니다.' 그랬더니 곧바로 기쁨, 평화, 정
의가 다시 가슴에 가득 차더라니까."

켄의 두 번째 생각은 그의 친구인 존 오트버그에게 들은 이야기
와 관련된다. 오트버그는 어렸을 때 할머니와 블루마블 게임을 하
면 번번이 졌는데, 그때 할머니는 "존, 게임이 끝나면 전부 상자로
다시 들어가는 거다"라고 말씀하셨다. 마지막에는 결국 아무것도
소유할 수 없다는 이야기다.

켄이 말했다. "진짜 중요한 건 주님 그리고 주변 사람들과의 관계
야. 처음에는 내가 사랑하는 사람, 나를 사랑하는 사람에 집중했지.
집에서의 가족, 일할 때의 가족 말이야. 불길이 손쓸 수 없이 번져
서 샌디에이고를 에워쌌을 때도 우리 식구는 무사했어."

다음 날 오후에 켄은 아들 스콧에게서 또 전화를 받았다. "아버
지, 믿지 못하시겠지만, 우리 집은 그대로인데, 아버지 집이 없어졌
어요."

켄은 감격해 눈물을 흘렸다고 했다. "스콧, 네 엄마하고 내 기도
가 통한 거다. 이런 축복이 어디 있니!" 경찰관 한 명을 포함해 목격
자 세 사람은 스콧의 집이 없어졌다고 했기 때문이다.

삶은 더러 우리를 무너뜨린다. 아마도 쉰 살이 될 때까지 삶에서
'못된 바람' 한번 맞지 않은 사람은 없을 것이다. 못된 바람은 내가
이제까지 들은 수많은 연설과 설교 중에 가장 기억에 남는 말이 아
닐까 싶다.

이번 주에 오랫동안 열지 않은 서랍을 뒤져 무언가를 찾던 중에 시카고 윌로크릭교회의 영향력 있는 목사이자 내 친구인 빌 하이벨스에게 받은 음성 녹음 테이프를 발견했다. 그 테이프를 처음 들었던 때가 1987년, 그러니까 익사사고로 외아들 로스를 잃은 해다. 빌에게는 배 타기가 평생의 취미다. 그는 배를 타는 사람이 가장 두려워하는 것을 비유로 들어 이야기했다. 그것은 마른하늘에 날벼락처럼 전혀 예상치 못한 치명적인 못된 바람, 배를 산산조각 낼 수 있는 괴물 바람이었다.

못된 바람은 누구에게나 닥친다. 예상할 수도, 피할 수도 없다. 누구나 마법 같은 삶을 꿈꾸지만 '일은 터지게 마련이다'. 당신이 통제할 수 있는 것은 당신의 반응뿐이다.

켄에게 이메일을 받고 몇 주가 지나, 서른일곱 살의 사업가인 피트 체임버스와 이야기를 나눌 일이 있었다. 그도 켄과 마지와 똑같은 전화를 받았다. 금요일 오전 6시, 직원이 전화를 걸어와 그가 수년 동안 일궈 온 상패와 광고 기념품 제작 건물이 불길에 휩싸였다는 소식을 전했다. 피트는 반바지를 걸치고 급히 차에 올라 5분 안에 건물 앞에 도착했다. 소방서는 5분 거리에 있었다. 화재 소식은 지역 텔레비전 방송국에 속보로 방송되었다. 헬리콥터가 현장 주변을 돌며 뉴스를 전했다. 피트는 그곳에 서서 생각했다. '그동안 일한 것을 모두 잃겠구나.'

그가 내게 말했다. "그런 상황에서는 어디가 진짜 내 북쪽인지 알게 되죠. 그 사업에 진정한 나를 투자하지 않았다는 사실을 깨닫지 못했다면, 저는 걸음마 상태에 머물렀을 겁니다. 직접 지은 내 회사 앞에 앉아 순간적으로 기도했어요. '좋습니다, 하나님. 우리는 이제 어디로 가나요? 앞으로 어떻게 하실 건가요?' 그 상황에서도 뭔가 좋은 일이 일어날 수 있다는 믿음이 있었던 거예요.

그런데 정말 그랬어요. 방화벽 덕분에 사무실 쪽만 불에 타고, 물건은 그대로였어요. 주문 내역과 자료가 담긴 컴퓨터 서버도 이상이 없었고요. 직원들은 헌신적으로 일하면서 기적을 만들어냈죠. 노트북과 휴대전화만 가지고 근처 커피전문점에 가게를 만들어놓고 주말 내내 일하면서 다음 월요일까지 물건을 선적했지요. 그 일로 우리는 더 가까워졌어요. 그때 제 머릿속에, '모든 것이 합력하여 선을 이룬다'는 성경 구절이 스쳐 지나가더군요. 믿지 않으시겠지만, 그 일을 경험하는 내내 그 생각이 머릿속을 떠나지 않았어요. 비록 제 상황은 엉망이 되었지만요."

내 아내 린다는 "하나님은 하나님만의 방식으로 우리에게 필요한 것을 주시죠"라는 말로 그 일을 요약했다. 부디, 바라건대 부디, 그저 낙관적 생각이려니, 순간적인 반응이려니 생각하지 마시라. 두 경우, 켄과 피트는 1987년에 우리 부부가 로스를 잃고서 보인 반응과 아주 비슷한 반응을 보였다. 그건 못된 바람 탓이라고.

댈러스에서 부동산 개발업을 하는 친구 아트 루프는 로스가 실종되었을 때 곧바로 우리를 찾아왔다가 아드레날린과 기도로 들뜬 내 모습을 보았다. 나는 그 전에도, 그 이후로도 그 느낌을 다시 느끼지 못했다. 베트남에서 해병대 대위를 지낸 아트가 말했다. "자네가 어떤 기분인지 나도 잘 알아. 치열한 전투가 벌어지고 주위에서 사람들이 죽어가던 그때 하나님이 내게 그 기분을 느끼게 해주셨으니까. 믿기지 않던 비현실적인 기분이었어. 아마 나중에 필요할 때 그 느낌이 다시 왔다가 사라질걸. 그리고 그 느낌이 지나가면 그리워질 거야."

아트가 옳았다. 나는 번민과 희열을 동시에 느꼈던 그 초월적 날들이 그립다. 하지만 그 느낌은 내가 필요할 때면 하루 24시간, 일주일 내내 그곳에 대기할 것이다. 예전에도 그랬고, 내가 고통과 번민에 사로잡히면 다시 그러할 것이다. 내게는 그 느낌이 사람들이 '현실'이라고 부르는 것보다 훨씬 더 현실적이다.

생각하기

1. '못된 바람'을 경험해보았는가? 당신 배에서 바람을 빼앗아 간 불행이나 비극을 경험해보았는가? 그때 어떻게 반응했는가? 자신에 대해서는 무엇을 배웠는가? 하나님에 대해서는 무엇을 배웠는가?

2. 내 아내는 "하나님은 하나님만의 방식으로 우리에게 필요한 것을 주신다"고 말했다. 당신 경험상, 그것은 그저 낙관적 생각인가, 아니면 사실인가? 당신 삶에서 무엇이 이 물음의 대답에 영향을 미쳤는가?

3. 상황이 좋을 때보다 시련이 닥쳤을 때 하나님께 더 의존하는가? 그 이유는 무엇인가? 상황이 좋을 때도 안 좋을 때만큼 하나님을 신뢰하는 것이 가능한가? 설명해보라.

같이 걷기

두려워하지 말라 내가 너와 함께함이라 놀라지 말라 나는 네 하나님이
됨이라 내가 너를 굳세게 하리라 참으로 너를 도와주리라 참으로 나의
의로운 오른손으로 너를 붙들리라.

_ 이사야 41장 10절

생각 없는 자유사상가는 질서가 없다고, … 신은 인간의 삶을 변덕스러
운 운명에 방치했다고 외친다. 그러나 당신이 사물을 올바르게 바라보는
관점을 찾기만 한다면, 모든 불평등은 저절로 교정되고, 무질서만 보이
던 시각에서 벗어나 지혜를 보게 될 것이다.

_ 자크 베니뉴 보쉬에

내 운명이 무엇이든,
당신은 이렇게 말하라고 가르쳐주셨습니다.
괜찮아,
내 영혼은 괜찮아.

_ 허레이쇼 게이츠 스패퍼드, 「내 영혼은 괜찮아」
선박 사고로 가족을 잃은 뒤에 지은 시

우리는 아주 조금만 갖고도 큰 부자가 될 수 있다. 마음이 부자인 사람은
삶을 다르게 체험한다. 못 가진 것에 분노하기보다 가진 것에 감사한다.
그리고 근심이 아닌 희망으로 미래를 맞이한다.

_ 존 오트버그, 《인생 게임》
When The Game is over, It All Goes Back in the Box, 사랑플러스 역간

Chapter 25

왜 움켜쥐고
있는가?

린다와 나는 결혼 초에 현대 미술품을 수집했다. 취향이 거의 똑같은 우리는 어디를 가든 시간을 내어 미술관을 찾는다. 훌륭한 그림이 전시된 화랑에 들어갈 때면 우리 취향이 얼마나 똑같은지 깜짝 놀랄 정도다.

지난여름에 주택보험을 갱신하는데, 보험 대리점에서 말하기를 그곳 보험업자가 우리 집에 걸린, 추상표현주의 화가 조앤 미첼이 그린 대형 그림의 현재 감정가를 받으라고 요구했단다. 26년 전 뉴욕에 있는 어느 화랑에서 산 그림인데, 물론 아름다운 그림이지만 그림값은 당시에도 상당히 비쌌다. 우리는 보험 대리점의 요청으로, 그 그림과 더불어 같은 작가의 다른 그림도 사진을 찍어 최대 경매회사인 소더비즈에 보냈다. 그곳에서 보내온 두 그림의 감정가는 1981년에 우리가 지불한 액수의 무려 50배에 달하는 금액이었다. 50배라니! 우리는 말문이 막혔다.

우리는 미첼 그림이 걸린 손님방을 서재로 쓰기 때문에 여러 해 동안 두 그림 중 큰 그림의 바로 맞은편에 앉아 있었는데, 미첼의 힘찬 붓질에 한 번도 질린 적이 없었다. 미국인 미첼이 말년에 머물며 활동한 프랑스 남부의 햇빛 비치는 화사한 풍경을 노랑과 파랑으로 생동감 넘치게 담아낸 그림이다. 그런데 이 귀한 그림이 이제는 나를 괴롭히기 시작했다. 처음으로, 빛과 습기가 이 작품의 금전적 가치에, 린다와 내가 맨 처음 살았던 집보다 비싼, 훨씬 더 비싼 이 그림의 가치에 영향을 미칠 수 있다는 생각이 들기 시작했다.

이상하게 보일지 모르지만, 정작 그림은 달라진 게 없는데, 그 그림은 이제 장식품이 아닌 돈이, 그것도 아주 큰돈이 되어 버렸다. 하루는 저녁을 먹으며 린다에게 제안했다. "저 그림을 '텍사스 공동체 기금'에서 당신이 관여하는 기부자 지정 자선기금에 주고, 그 사람들한테 11월에 소더비즈에서 열리는 현대미술 경매에 보내라고 합시다. 그리고 그 수익금을 당신이 원하는 자선사업에 쓰도록 운용하면 어떨까 싶은데." 그러자 린다가 말했다. "그거 좋은 생각이네요. 우리도 소더비즈 경매에는 한번도 안 가봤잖아요. 가서 어떤 일이 일어날지 지켜보면 재미있겠는데요."

우리는 추수감사절 직전에 실행에 들어갔다. 정말 짜릿한 경험이었다. 우리 부부는 고양이처럼 잔뜩 긴장했다. 그림을 8월에 소더비즈에 보내야 사진을 찍어 화려한 도록을 만들 수 있었다. 그러는 사이에 기름값은 1배럴에 무려 100달러까지 치솟았다. 주식시장은 심하게 요동쳤고, 소더비즈 주가는 경매가 열리기 바로 전주에 28퍼센트가 떨어졌다. 뉴욕 극장들은 파업으로 문을 닫았다. 나는 텍사스 공동체 기금에 두 그림의 내정가, 즉 원하는 최저가를 낮추자고 제안했다.

우리는 좋은 자리를 잡기 위해 오전 10시에 경매장에 도착했다. 일은 순조로웠다. 날이 춥고 비가 와서 그런지 경매장에 나타난 사람은 몇 안 됐다. 아! 다행히도 우리 그림은 중간쯤에 배정되었고, 그때가 되자 경매장이 다 찼을 뿐 아니라 아시아, 러시아, 중동의 신흥 거부들이 전화로 응찰을 해왔고, 멋진 정장을 차려입은 잘생긴 소더비즈 전문가 20명이 경매장을 주시했다. 그곳에서는 기도하는 사람이 흔치 않았지만, 린다와 나는 간절히 기도했다. 우리 그림 차례가 오자 나는 곁눈질로 린다를 쳐다보았다. 만 가지 감정이 스쳐 지나가는 기색이 역력했다. 린다는 눈을 감고 말했다. "숨을 쉴수가 없어요!"

하지만 괜한 걱정이었다. 우리 대형 그림이 올라오자마자 경매가는 경매인이 숨 쉴 틈도 없이 내정가보다 높은 금액으로 뛰었다. 첫번째 그림의 최종 낙찰가는 우리가 그토록 초조해하며 정했던 내정가의 '두 배'였다. 경매가 시작되어 경매봉이 두드려지기까지 걸린 시간은 총 2분이었다. 린다의 눈가에 눈물이 고였다. 참된 기쁨이었다.

몇 분 뒤에 두 번째 그림이 내정가의 2.5배 가격에 팔렸다. 경매가 진행되던 2주 동안 적어도 75개의 기록이 경신되었고, 258점 이상이 100만 달러가 넘는 가격에 팔렸다. 앤디 워홀이 그린 엘리자베스 테일러 초상화는 2,350만 달러에 팔렸다. 2001년에 영화배우 휴 그랜트가 350만 달러에 사들였던 그림이다. 휴….

〈월스트리트 저널〉은 이 경매를 표지기사로 다루면서, 유명한 미술품 전문가의 말을 인용했다. "구매자는 유형 재산 가치를 따져 미술품을 고른다. 미술품 시장은 금융시장과 달리 내진 설계가 된 듯했다." 나는 댈러스 부동산 거물인 레이 내셔가 하는 사업에 자문위원으로 몇 년 활동한 적이 있었다. 그때 그는 다른 어떤 분야보다도 미술품 수집에 투자를 많이 한다고 했었다. 내게는 차라리 비현실에 가까운, 알다가도 모를 분야다. 세상에, 50배라니!

지금은? 린다와 내게 그 추수감사절은 새로운 계절이었다. 린다는 마음에 드는 비영리 단체에 후원을 더 많이 할 수 있어서 신이 났다. 미첼 그림이 걸려 있던 벽은 현재 비어 있다. 우리에게 현재의 계절은 축적이 아닌 처분의 시기다. 하지만 나중에 빈 벽을 채울 유명하지는 않지만 촉망되는 젊은 예술가를 만날지도 모를 일이다. 26년 전에 그랬듯이.

이 이야기를 소개하는 이유는 두 가지다. 우선, 대단히 놀랍기 때문이다. 미술품이 그렇게 평가되는 줄은 꿈에도 몰랐다. 그리고 또 하나는 독자들도 축적보다는 처분의 계절로 들어가라고 권하는 의미에서다. 주위를 둘러보라. 여러 해 동안 얼마나 많은 것을 모았고, 그 가치가 상상 외로 얼마나 많이 불어났는가를 알면 깜짝 놀랄 것이다. 그것을 왜 쥐고 있는가? 그에 대한 걱정은 다른 사람에게 맡기고, 그것을 판 돈으로 당신의 열정을 실현하라. 그러면 당신도 참된 기쁨을 맛볼 것이다.

생각하기

1. 당신 재산 중에 가치는 부풀려지고 사용 빈도는 낮아, 다른 사람을 위해 내놓으면 좋을 법한 재산은 무엇인가? 부동산, 보석, 주식, 미술품, 회사, 석유 채굴권?

2. '사용 빈도가 낮은 재산'에서 어떤 기쁨을 얻는가? 그 재산이 다른 사람에게는 어떤 기쁨이 되겠는가?

3. 당신 삶에서, 무엇을 '계획적으로 포기'하면 새로운 것을 시작할 여유가 생기겠는가?

같이 걷기

덕을 실천하는지 가장 잘 판단하는 관객은 자기 양심이다.

_ 키케로

너희를 위하여 보물을 땅에 쌓아두지 말라 거기는 좀과 동록이 해하며 도둑이 구멍을 뚫고 도둑질하느니라 오직 너희를 위하여 보물을 하늘에 쌓아 두라.

_ 마태복음 6장 19-20상반절

1. Peter Drucker, *Managing the Non Profit Organization* (London: Collins, 1992). 《비영리단체의 경영》(한국경제신문사).

2. Roger Lipsey, *Angelic Mistakes: The Art of Thomas Merton* (Boston: Shambhala /New Seeds, 2006).

3. Barack Obama, interviewed on the *Charlie Rose Show* (October 19, 2006).

4. Jim Collins, *Good to Great and the Social Sectors* (New York: HarperCollins, 2005). 《좋은 조직을 넘어 위대한 조직으로》(김영사).

5. Czeslaw Milosz, "Late Ripeness," *Second Space* (New York: HarperCollins/ Ecco, 2005). Translated by the author and Robert Hass. Copyright ⓒ 2004 by Czeslaw Milosz. Translation copyright ⓒ 2004 by Robert Hass. Reprinted by permission of HarperCollins Publishers.

6. Charles Handy, *The Age of Paradox* (Boston: Harvard Business School Press, 1995). 《역사를 넘어서 미래를 이해하기》(CM비지니스).

7. Forbes.com, June 6, 2006.

8. 〈포브스〉 *Forbes*, March 9, 2006.

9. Joel Fleishman, *The Foundation* (New York: Public Affairs, 2007).

10. Verducci, *Taking Philanthropy Seriously* (Bloomington: Indiana University Press, 2006).

11. Andrew Carnegie, *The Gospel of Wealth* (Kudzu House, 2008).

12. Henri Nouwen, with Michael Christensen and Rebecca Laird, *Spiritual Direction: Wisdom for the Long Walk of Faith* (San Francisco: HarperSanFrancisco, 2006). 《영성 수업》(두란노서원).

13. James Mulholand, *Praying Like Jesus: The Lord's Prayer in a Culture of Prosperity* (San Francisco: HarperSanFrancisco, 2001). 《예수님처럼 기도하라》(엔크리스토).

14. Ken Blanchard, Paul J. Meyer, and Dick Ruhe, *Know Can Do!: Put Your Know-How into Action* (San Francisco: BerrettKoehler, 2007). 《춤추는 고래의 실천》(청림출판).

15. 위와 같음.

16. Henri Nouwen, *Out of Solitude: Three Meditations on the Christian Life* (Notre Dame, Ind.: Ave Maria Press, 2004). 《나 홀로, 주님과 함께》(아침영성지도연구원).

Chapter 2. 내가 열정을 느끼는 것은

- William Bridges, *Transitions* (Perseus, 1980). 변화를 기대하는 사람 누구에게나 유익한 고전 자료이다.

- "The Great Game," *Wall Street Journal*, March 14, 2005 www.wsj.com. 카스 파로프의 인생 후반부 이야기가 상세히 담겼다.

- The Master's Program www.mastersprogram.org. 기독교 지도자들을 대상으로, 하나님 나라의 소명을 찾아 장차 하나님 나라에서 지도력을 극대화하도록 하는 전략적 인생 조언 프로그램이다.

- Pinnacle Forum America www.pinnacleforum.com. 사회 중심부에서 활동하는 주요 그리스도인들로 구성된 전국적 조직망으로, 자신의 문화 자본을 활용해, 사람들의 삶과 사회에 전략적으로 개입하여 변화를 이끌어낸다.

Chapter 3. 리어왕 이야기

- 내가 이용하는 셰익스피어 참고 자료는 *The Essential Shakespeare Handbook* (DK Publishing, 2004)과 *The Complete Dictionary of*

Shakespeare Quotations (New Orchard Editions, 1986)이다.

Chapter 4. 그래서 모든 것이 달라졌다

- Drucker Foundation Self-Assessment Tool (Wiley, November 1998). 내가 드러커재단 회장이었을 때 이 프로그램 개발에 참여했다. 피터 드러커에게 직접 말하는 형식으로 구성됐다. 숙련된 조력자 목록은 Leader to Leader Institute www.pfdf.org에서 볼 수 있다.

- Peter F. Drucker, *Managing the Non-Profit Organization: Principles and Practices* (Collins, 2006). 《비영리단체의 경영》(한국경제신문). 사회봉사나 비영리 분야가 빠르게 증가하는 요즘(관련 직원은 800만, 자원봉사자는 8천만 명이 넘는다.) 조직을 효율적으로 관리하기 위한 전문가의 조언과 안내가 절실해졌다. 비영리 단체 경영과 관련해 이보다 더 좋은 책은 없다고 본다.

- Peter F. Drucker, *Ten Principles for Finding Meaning in the Second Half of Life*.

- 마태복음 4장 1-11절. 예수께서 세 가지 유혹을 받는 부분으로, 이는 오늘날 성공 지향적인 사람들이 마주하는 가장 큰 유혹이기도 하다.

Chapter 6. 같은 강물에 발을 두 번 담글 수 없다

- Charles Swindoll, *Growing Strong in the Seasons of Life* (Zondervan, 1994).

- Max Lucado, *Grace for the Moment* (Nelson, 2000). 《감사》(가치창조).

Chapter 7. 거꾸로 십일조

- F.Scott Fitzgerald, *The Great Gatsby* (Worldsworth Editions, 1999). 《위대한 개츠비》.

- Kurt Vonnegut, *God Bless You, Mr. Rosewater* (Dial Press, 1998). 《신의 축복이 있기를, 로즈워터 씨》(문학동네).

Chapter 8. 침묵이라는 선물

- Roger Lipsey, Angelic Mistakes: *The Art of Thomas Merton* (New Seeds, 2006).

Chapter 9. 사소한 것에서 얻는 기쁨

- Malcolm Gladwell, "The Cellular Church: How Rick Warren's Congregation Grew," *New Yorker*, September 12, 2005. 대단히 훌륭한 기사다. 박식한 어느 친구가 말했듯이 "그는 훤히 꿰뚫고 있다." 이 기사는 초대형 교회 운동이 급성장하는 이유를 정확히 설명한다. 내 생각에 글래드웰은 사회 관찰자로서, 알렉시스 드 토크빌(19세기), 그리고 피터 드러커(20세기)와 연장선상에 놓인 사람이다. 《티핑 포인트》(21세기북스 역간), 《블링크》(21세기북스 역간)와 같은 그의 책을 읽으면 세상 돌아가는 상황을 이해할 수 있다. 그는 '외국인'의 눈으로 사회를 바라본다.

- www.opportunity.org.au. "소규모 사업을 개발, 교육하여 빈곤을 퇴치하고 삶의 역량을 강화하는 일에 열정적으로 참여하고 후원할 사람들의 공동체를 구성하는 일"을 사명으로 하는 국제기회협회Opportunity International 홈페이지.

Chapter 11. 기부, 그 이상

- Jim Collins, *Good to Great and the Social Sectors* (self-published by Jim Collins).

- "Persons of the Year", *Time*, January 2, 2006, www.time.com.

Chapter 12. 아름답게 나이 먹기

- Philip Roth, *Everyman* (Vintage, 2007). 《에브리맨》(문학동네).
- Gail Sheehy, *Passages: Predictable Crises of Adult Life* (Ballantine, 2006).

Chapter 13. 손에서 내려놓기

- Pat Williams, The Paradox of Power (Warner Faith, 2002).
- www.halftime.org. 리더십 네트워크Leadership Network의 또 한 분야로, 성공에서 의미로(또는 자기포기로) 옮겨가는 사람들에게 재원을 지원하고, 그들의 사연을 알려 실현 가능성을 증명한다. 인터넷을 기반으로 한 무료 하프타임 프로그램도 이용할 수 있다.
- www.leadnet.org. 리더십 네트워크의 모든 활동을 볼 수 있으며, 리더십 관련 무료 자료도 이용할 수 있다. 우리가 하는 일은 미국 기독교의 혁신적 인물을 발굴하여 그들을 서로 연결해주고, 그들이 터득한 것을 교육과 아이디어 교환으로 몇 배로 불리는 일이다.

Chapter 14. 자신을 소비하기

- 밥 버포드, 《하프타임의 고수들》(국제제자훈련원). 인생의 하프타임을 맞이해, 변화를 꾀하는 사람들 60명과의 대담이 실려 있다.
- Lloyd Reeb, *From Success to Significance* (Zondervan, 2005). 《중년의 전략》(생명의말씀사). 빈부를 떠나 하프타임에 도착한 모든 사람을 위한 책이다.
- www.amazinggracemovie.com. 영화 정보, 학습 보조 자료, 학습 안내 등 훌륭한 자료가 총망라된 사이트다.

- www.halftime.org. 성공에서 의미로 옮겨가는 과정에서, 다양한 하프타임 과제에 도전하고 있는 수많은 영웅들의 이야기다.

Chapter 15. 돈을 주고 의미를 사라

- Ken Blanchard and S. Truett Cathy, *The Generosity Factor* (Zondervan, 2002). 《행복한 낭비》(21세기북스).

- Andrew Carnegie, The Gospel of Wealth (Book Jungle, 2007). 요약본은 트리니티포럼Trinity Forum 홈페이지에서 열람 가능. www.ttf.org/index/resources/items/the-gospel-of-wealth/.

- William Damon, *Taking Philanthropy Seriously: Beyond Noble Intentions to Responsible Giving* (Indiana University Press, 2006).

- Joel Fleishman, *The Foundation: A Great American Secret; How Private Wealth Is Changing the World* (Perseus, 2007).

Chapter 16. 존재로서의 기도

- Richard Foster, *Prayer: Finding the Heart's True Home* (HarperOne, 2002). 《기도》(두란노).

- Dallas Willard, *Hearing God* (InterVarsity, 1999). 《하나님의 음성》(IVP).

- Philip Yancey, *Prayer* (Zondervan, 2006). 《기도하면 뭐가 달라지나요?》(포이에마).

Chapter 17. 거듭, 거듭 다시 태어나다

- John C. Maxwell, *The Difference Maker* (Thomas Nelson, 2006). 《태도, 인생의 가치를 바꾸다》(꿈꾸는 별).

- Albert L. Winseman, Donald O. Clifton, and Cutis Liesveld, *Living Your*

Strengths (Gallup, 2003). 《크리스천 강점 혁명》(두란노서원).

Chapter 18. 소중한 것 먼저 하기

- Ken Blanchard, Paul J. Meyer, and Dick Ruhe, *Know Can Do! Put your Know-How into Action* (Berrett-Koehler, 2007). 《춤추는 고래의 실천》(청림출판).

- Kevin A. Miller, *Surviving Information Overload* (Zondervan, 2004).

Chapter 20. 옳은 길에서 다시 시작하기

- Peter F. Drucker, *The Effective Executive* (HarperCollins, 1993). 《피터 드러커의 자기경영노트》(한국경제신문). 내 생각에, 경영에 관한 최고의 책이다. 특히 'The Effective Decision'을 주의 깊게 읽을 것.

- Peter Drucker, John Hammond, Ralph Keeney, and Harold Raffa, *Harvard Business Revies on Decision Making* (Harvard Business School Press, 2001). 《의사결정의 순간》(21세기북스).

- Nassim Nicholas Taleb, *Fooled by Randomness* (Random House, 2005). 《능력과 운의 절묘한 조화》(오늘의 책).

Chapter 21. 준비가 전부다

- Douglas LaBier, Modern Madness: *The Hidden Link between Work and Emotional Conflict* (www.backinprint.com, 2000).

- John R. O'Neil, *The Paradox of Success: When Winning at Work Means Losing at Life* (McGraw-Hill Business Paperbacks, 2007). 《특별한 원칙》(홍익출판사).

- John Marks Templeton and Norman Vincent Peal, *Discovering the Laws of*

Life (Continuum, 1994). 《열정》(BF북스). 독자들의 사랑을 받고 있는 이 책은 '삶의 법칙' 200가지를 담고 있으며, 영적인 길을 가는 모든 이들에게 호소력을 갖는다. '법칙'을 제공해준 사람으로는 랠프 월도 에머슨, 예수님, 웨인 다이어, 벤자민 프랭클린, 제럴드 잼폴스키, 에릭 버터워스 등이다. 로버트 슐러와 빌리 그레이엄이 추천사를 썼다.

Chapter 24. 허를 찔리다!

- Harold Kushner, *When Bad Things Happen to Good People* (Anchor, 2004). 《왜 착한 사람에게 나쁜 일이 일어날까?》(창).
- C. S. Lewis, *A Grief Observed* (Easton, 2002). 《헤아려 본 슬픔》(홍성사).
- John Ortberg, *When the Game Is Over, It All Goes Back in the Box* (Zondervan, 2007). 《인생 게임》(사랑플러스).

Chapter 25. 왜 움켜쥐고 있는가?

- John Steinbeck, *The Pearl* (Penguin, 2000). 《진주》.
- Fidelity Charitable Gift Fund www.fidelitycharitable.org. 신뢰받는 온라인 '기부자 지정 자선기금'이다.
- National Christian Foundation www.nationalchristian.com. 수천 명의 기부자를 독려해, 1만 5천여 곳에 14억 달러를 기부하게 한 훌륭한 단체이다.

국제제자훈련원은 건강한 교회를 꿈꾸는 목회의 동반자로서 제자 삼는 사역을 중심으로
성경적 목회 모델을 제시함으로 세계 교회를 섬기는 전문 사역 기관입니다.

하프타임 3

초판 1쇄 발행 2011년 4월 8일
개정판 1쇄 인쇄 2018년 10월 26일
개정판 1쇄 발행 2018년 10월 26일

지은이 밥 버포드
옮긴이 이창신

펴낸이 오정현
펴낸곳 국제제자훈련원
등록번호 제2013-000170호(2013년 9월 25일)
주소 서울시 서초구 효령로68길 98(서초동)
전화 02) 3489-4300 **팩스** 02) 3489-4329
이메일 dmipress@sarang.org

ISBN 978-89-5731-769-3 03230

※ 이 책은 《새로운 나》의 개정판입니다.
※ 책값은 뒤표지에 있습니다. 잘못된 책은 구입하신 곳에서 교환해드립니다.